ESTUDIANTES DOTADOS: EDUCACIÓN ESPECIAL EN EL OTRO LADO DE LA CURVA 2024

DR. HÉCTOR RIVERA

2024

Autor: Héctor Rivera Maldonado
PO Box 2233
Manatí, Puerto Rico 00674

Correo electrónico: riverahi@yahoo.com

Primera edición: 1ro de agosto de 2024

Derechos de autor reservados, 2024

Contenido del libro

Dedicatoria	**11**
Prólogo	**13**
Un caso para reflexionar...	**17**
Aspectos Legales de la Educación para Estudiantes Dotados	**23**
Leyes para estudiantes dotados	**25**
Ley 144-2018 – Ley de Estudiantes Dotados	**25**
Ley 145-2018 – Programa de Becas para Estudiantes Dotados	**35**
Ley 146-2018 – Carta de Derechos del Estudiante Dotado	**39**
Explicación de cada derecho	47
Ley 66-2024 – Enmienda a Carta de Derechos del Estudiante Dotado	**62**
Ley 217-2018 – Programa de Internado	**64**
Conclusión	68
Aspectos familiares y el Desarrollo Socioemocional	**71**
Desarrollo de los Niños con Altas Capacidades Intelectuales	**73**
Identificación y Desarrollo del Potencial Intelectual	**76**
De la Infancia a la Adultez Joven	78
Efectos de los celulares en los niños	**80**
Problemas de Visión	80
Problemas de Posturas	80
Alteraciones del Sueño	81
Medidas Preventivas y Correctivas	81
Efectos en el Desarrollo Cognitivo y Emocional	82
Déficit de Atención	82
Retraso en el Desarrollo del Lenguaje	83
Impacto en el Rendimiento Escolar	83
Estrategias para Mitigar los Efectos Negativos	84
Efectos Psicológicos y Sociales	84

Aislamiento Social	85
Aumento de la Ansiedad y Depresión	85
Ciberacoso	86
Estrategias para Mitigar los Efectos Negativos	86
Beneficios Potenciales	87
Recomendaciones para Padres y Cuidadores	87
Los Juegos de Videos	**89**
1. Adicción	89
2. Problemas de Salud Física	89
4. Problemas Sociales y Emocionales	90
5. Rendimiento Académico	90
6. Problemas de Sueño	90
Recomendaciones para Mejorar el Sueño	91
Tecnología y Soluciones	91
Recomendaciones para Mitigar los Efectos Negativos:	91
Beneficios de la Selección Adecuada de Juegos	92
Consideraciones al Elegir Juegos	92
Impacto en el Desarrollo Integral	93
Supervisión Activa	93
Comunicación Abierta	93
Fomento de un Equilibrio Saludable	94
Impacto Positivo de la Supervisión Activa y Comunicación	94
El Juego de Mesa y El Desarrollo del Estudiante Dotado	**97**
1. Estimulación cognitiva avanzada en juegos estratégicos	99
2. Fomento de la planificación estratégica y la anticipación	99
3. Resolución de problemas y pensamiento lógico	99
4. Beneficios emocionales y sociales	100
5. Estimulación intelectual continua	100
Desarrollo de habilidades sociales	**100**
Fomento de la perseverancia y la resiliencia	**102**
Desarrollo de habilidades emocionales	**104**

Fomento de la creatividad y la imaginación	**106**
Promoción de la autonomía y responsabilidad	**109**
El Juego de Monopolio	**112**
El Juego de Ajedrez	**115**
El Juego de RISK	**118**
El juego de SCRABBLE	**121**
El juego: Connect Four	**124**
El Juego Ticket to Ride	**127**
El Juego: Rummikub	**130**
El Juego: SPOT IT	**133**
El Juego: SET	**135**
El Juego: PERFECTION	**137**
El juego: BLOKUS	**139**
Implementación en el aula	140
Conclusión sobre Juegos de Mesa	141
ENSAYOS PARA REFLEXIONAR	**143**
Ensayo 1 - Filosofía de la Educación	**144**
Los precursores de la filosofía	**145**
Filósofos Latinoamericanos	**153**
Ensayo 2 - Análisis crítico de la educación	**163**
Diversidad de Crisis	163
Enseñanza de Valores	164
La situación de Puerto Rico	165
La Iglesia y la educación	166
La división política	166
Migrando dentro de la nación	167
La educación antes del descubrimiento	167
La colonización española y norteamericana	167
La independencia y el socialismo	168
La profesión magisterial	169
La calidad de la enseñanza	169

Efectos de la pandemia del Covid-19	170
La tecnología y las clases en línea	170
Reforma Educativa	171
El Índice General de Solicitud (IGS)	172
La preparación del maestro para preescolar y grados primarios	174
El negocio de la educación	174
El garaje de la casa como escuela privada	175
La educación en el hogar como alternativa	175
Los estudiantes superdotados	176
La decisión de Nueva York	178
Conclusión	179
Ensayo 3 - Educación Comparada	**181**
Sistema educativo finlandés	181
Educación infantil	182
Enseñanza preescolar	182
Educación básica	183
Educación secundaria	183
Bachillerato	183
Formación profesional	184
Estudios superiores	184
Escuelas politécnicas	184
Universidades	184
Diez pilares del sistema educativo de Finlandia	185
El sistema educativo de China - Un cambio para el futuro	187
Revolución cultural	187
Educación preescolar	188
Educación primaria y secundaria	188
Educación superior	189
Exportando estudiantes	190
La educación en Singapur	190
Tres niveles educativos	190

Menos tiempo lectivo y más reflexión	191
Sistema de competencias y bilingüismo	191
Las 10 claves de la educación	191
La educación en el continente africano	193
Inclusión y exclusión	194
Sistemas políticos	195
Iniciativas educativas	195
Educación en Puerto Rico	196
Niveles educativos	196
Enmiendas a la Ley de Educación (Ley 85-2018)	197
Sistemas educativos	199
La situación económica	200
La pobreza	200
El estatus político y la educación	201
La preparación profesional	202
Las reformas educativas	202
Buscando alternativas educativas	203
Conclusión	204
Ensayo 4 - Educación y Tecnología	**207**
Cambios tecnológicos en la forma de pescar	207
Cambios en la construcción de vivienda	207
El desarrollo de la tecnología	208
Herramientas tecnológicas modernas	**208**
Microsoft Office – Microsoft 365	208
Herramientas digitales audiovisuales	210
Otras herramientas importantes	**214**
La educación y la Empresa Microsoft	215
Un proceso acelerado	216
Problemas principales con la tecnología en las escuelas	216
Conclusión	217
Ensayo 5 - Avances de la neurociencia en la educación	**219**

La Neuro-Educación	220
Educación	220
Neurología	220
Neurociencia	221
Neuro-educación	221
Neuro-diversidad	221
La neuro-diversidad desde adentro	**222**
Trastorno de Déficit de Atención	222
Acalculia	**223**
La neurociencia en el proceso de aprendizaje	226
¿Cómo preparar el cerebro para el aprendizaje?	227
¿Detectives de los déficits o promotores de los talentos?	227
Educación integrada o educación especial	229
Índices de ingreso a la Universidad	230
Las instituciones privadas	231
Bibliografía	**233**

Dedicatoria

A mi esposa Myriam, cuyo apoyo incondicional y amor inagotable han sido mi fuente de inspiración constante. Gracias por estar siempre a mi lado, compartiendo cada paso de este camino y creyendo en mí, incluso en los momentos más difíciles.

A mi hija Hazel, cuya curiosidad y entusiasmo por el conocimiento me recuerdan cada día la importancia de nutrir y guiar a nuestras mentes más brillantes. Que este libro sea una promesa de mi compromiso con tu futuro y el de todos los estudiantes dotados, para que puedan alcanzar su máximo potencial.

A las familias que día a día luchan por los derechos de una educación justa y plena para sus hijos. Su dedicación y perseverancia son un faro de esperanza y un ejemplo de amor incondicional.

Y a nuestro grupo de profesionales, muy en especial a la Dra. Frances Crespo, cuyo compromiso con el desarrollo social y emocional de nuestros niños dotados es inquebrantable. Gracias por su pasión, su dedicación y su incansable esfuerzo por hacer una diferencia en la vida de estos jóvenes brillantes.

Con profunda gratitud y admiración, Héctor Rivera

Prólogo

El reconocimiento y la atención a los estudiantes dotados en Puerto Rico han sido temas de interés creciente en la política educativa de la isla. Desde 2012, se han implementado diversas leyes con el objetivo de proporcionar un entorno educativo adecuado para estos estudiantes. Sin embargo, el camino no ha sido sencillo, con avances y retrocesos que han marcado la evolución de esta legislación.

En 2012, se sentaron las bases para la educación de los estudiantes dotados con la aprobación de dos leyes clave:

1. **Ley 158-2012**: Esta ley creó el Programa Piloto de Estudios para Estudiantes Dotados, cuyo objetivo era desarrollar un plan educativo especializado para identificar y atender a estos estudiantes.
2. **Ley 159-2012**: Enmendó la Ley Orgánica del Departamento de Educación para proporcionar servicios educativos específicos y crear un registro para estudiantes dotados. Esto permitió un seguimiento más preciso y la implementación de programas diseñados para sus necesidades.

Estas leyes representaron un primer paso significativo en la construcción de un sistema educativo más inclusivo y adaptado a las capacidades excepcionales de estos estudiantes.

El año 2018 trajo consigo una amplia reforma educativa en Puerto Rico con la promulgación de la **Ley 85-2018**. Esta reforma introdujo cambios sustanciales en la política educativa, incluyendo la creación de Escuelas Públicas Alianzas y un Programa de Vales Educativos. Sin embargo, una de las críticas más significativas a esta reforma fue la exclusión de las enmiendas favorables a los estudiantes dotados que se habían implementado en 2012.

La exclusión de estas enmiendas resultó en una pérdida de derechos y opciones educativas para los estudiantes dotados, quienes se vieron desprovistos de los recursos y programas específicamente diseñados para su desarrollo.

Ante esta situación, se iniciaron esfuerzos para restablecer las opciones educativas previamente garantizadas para los estudiantes dotados. Diversos proyectos de ley fueron presentados con el objetivo de ampliar los servicios y los derechos adquiridos para este grupo. En junio de 2018, varios de estos proyectos fueron aprobados por la legislatura y posteriormente firmados por el gobernador.

Estas nuevas leyes representaron las primeras enmiendas significativas a la reforma educativa de 2018, revirtiendo y ampliando los derechos y servicios que se habían establecido inicialmente en 2012.

La educación para estudiantes dotados no solo se trata de brindarles más conocimientos o un currículo avanzado, sino de reconocer y nutrir su potencial único. Estos estudiantes requieren programas que consideren su ritmo de aprendizaje, sus intereses y sus capacidades. Proveer una educación adecuada para estudiantes dotados es crucial no solo para su desarrollo personal sino también para el progreso de la sociedad, ya que estos individuos a menudo hacen contribuciones significativas en diversos campos.

En este contexto, mi segundo libro surge como una herramienta para apoyar a los estudiantes dotados y sus familias, educar a futuros maestros y psicólogos, y capacitar a los recursos escolares. El objetivo principal es proporcionar información y estrategias viables que puedan integrarse adecuadamente en el proceso educativo sin comprometer los derechos de los estudiantes dotados ni los recursos económicos de las escuelas.

Es fundamental continuar trabajando juntos para apoyar a los estudiantes dotados en Puerto Rico. Difundir información precisa y derribar mitos es esencial para crear un entorno educativo más justo e inclusivo. Hay mucho por hacer y muchos estudiantes que se beneficiarán de nuestros esfuerzos colectivos.

Invito a todos los interesados en la educación de estudiantes dotados a unirse a esta causa, explorar las alternativas disponibles y contribuir al desarrollo de programas y políticas que verdaderamente atiendan las necesidades de estos jóvenes talentosos.

El camino hacia una educación integral y equitativa para los estudiantes dotados en Puerto Rico está lleno de desafíos y obstáculos que aún debemos superar. Si bien se han logrado avances significativos en la legislación y en la implementación de programas específicos, la realidad es que queda mucho por hacer para garantizar que estos estudiantes reciban la educación que merecen y necesitan.

La educación es una de las tareas más complejas y esenciales de cualquier sociedad. Involucra no solo la transmisión de conocimientos, sino también la formación integral de individuos capaces de pensar críticamente, innovar y contribuir al bienestar social. En el caso de los estudiantes dotados, esta tarea se vuelve aún más desafiante debido a sus necesidades y potencialidades únicas. Diseñar e implementar programas que realmente respondan a estas necesidades requiere recursos, creatividad y un profundo entendimiento de la diversidad de capacidades humanas.

Aunque el gobierno tiene un papel crucial en la creación de políticas educativas y la asignación de recursos, no podemos dejar toda la responsabilidad en sus manos. La burocracia, las limitaciones presupuestarias y los cambios políticos pueden dificultar la implementación consistente y efectiva de programas para estudiantes dotados. Por ello, es esencial que otros actores, como las escuelas, las familias, las organizaciones no gubernamentales y la comunidad en general, se involucren activamente en apoyar a estos estudiantes.

Sin embargo, la colaboración del gobierno sigue siendo indispensable. La implementación de programas educativos efectivos para estudiantes dotados requiere políticas claras, financiación adecuada y apoyo institucional. Solo con el respaldo del gobierno se pueden establecer marcos legales y estructurales que aseguren la sostenibilidad y la expansión de estos programas. Por lo tanto, necesitamos una sinergia entre la iniciativa privada y pública, donde ambos sectores trabajen juntos para crear un entorno educativo más inclusivo y enriquecedor.

Hace falta un verdadero compromiso para continuar apoyando a nuestros estudiantes dotados. Este compromiso debe ir más allá de las palabras y plasmarse en acciones concretas que demuestren una dedicación genuina hacia el bienestar y desarrollo de estos jóvenes. Es fundamental que todos los actores involucrados, desde el gobierno hasta las comunidades locales, adopten una postura activa y proactiva en la creación y sostenimiento de programas educativos adecuados.

Un compromiso genuino y un apoyo constante son urgentes en estos tiempos complejos. La educación de los estudiantes dotados no puede ser un esfuerzo intermitente o sujeto a cambios de administración y políticas. Necesitamos una visión a largo plazo que asegure la continuidad y la mejora continua de los programas educativos para estos estudiantes. Los tiempos complejos que vivimos, con desafíos económicos, sociales y tecnológicos, exigen una respuesta robusta y coherente que pueda adaptarse a las cambiantes circunstancias sin perder de vista el objetivo principal: proporcionar una educación de calidad a todos los estudiantes, especialmente a aquellos con capacidades excepcionales.

El camino hacia una educación adecuada para los estudiantes dotados en Puerto Rico es largo y lleno de desafíos. Sin embargo, con un compromiso verdadero y un esfuerzo colaborativo entre el gobierno, las escuelas, las familias y la comunidad, podemos superar estos obstáculos y crear un sistema educativo que realmente valore y nutra el potencial de todos sus estudiantes. Es imperativo que mantengamos un enfoque constante y dedicado para asegurar que cada estudiante dotado reciba las oportunidades educativas que merece, permitiéndoles florecer y contribuir plenamente a la sociedad.

Un caso para reflexionar...

'Arito' - Un líder comunitario

Los nombres de personas y lugares son ficticios, para mantener la confidencialidad. Pero la historia es real.

Luego de 24 años de búsqueda y un intenso interrogatorio a los maestros de la Escuela John Rosenberg de San Juan, por fin aparece el cuerpo del joven genio del idioma español Ariel Quintana Álvarez. 'Arito' como lo conocieron sus amigos, fue un joven quien desde muy niño poseía un vasto dominio del idioma español. A la edad de 3 años, compitió a nivel regional en el famoso concurso 'Deletrea en español' ganando en la región norte y luego revalidó a nivel estatal. Su gesta fue más lejos ya que llegó hasta España donde también ganó el concurso mundial. Su nombre aparece en los récords como la persona más joven en ganar el concurso mundial.

También a sus 3 años comenzó a tomar clases de música (piano) con un amigo de su padre, quien descubrió este talento musical del niño. A los 4, ofrece su primer concierto, tocando música clásica a sus vecinos y amigos del barrio donde vivía.

Además de su dominio en el español, 'Arito' era un líder comunitario. A sus 5 años estableció el Primer Programa de Reciclaje en su comunidad. Hoy día, 24 años después, su programa sigue funcionando como si fuera el primer día.

Comenzó a jugar béisbol de pequeñas ligas a la edad de 6, y ya descollaba como uno de los mejores lanzadores de su equipo. Aunque su equipo no llegó al campeonato, 'Arito' le pidió a sus amigos que nunca dejaran de jugar, que esta era la mejor vida que se pueden dar.

A sus 8 años logró recaudar $15,000 para operar de los riñones a un vecino de su comunidad. "Siempre fue un niño sensible ante el dolor de los demás" comentaba su madre al momento de su desaparición. "Un líder comunitario, de los grandes" decía un vecino de nombre Álvaro, que alega lo conoció desde niño.

Luego de tomar clases durante todo el día de su desaparición, Arito no regresó, a la escuela. Apenas había cumplido 12 años cuando no se supo más de este joven.

Confiesa el maestro

Tras 24 años de búsqueda, anoche, el maestro Luis Romano Pagan, decidió confesar sus actos. 'Nunca pensé que me fuera a suceder algo así, pero mi conciencia no me dejaba dormir" confesó el educador.

Según consta en la confesión: "Cuando tenía 8 ocho llegó a mi salón de tercer grado, este joven larguilucho, con el pelo rojizo y ojos grandes, bien vivos. Comenzó a hablar con todos sus compañeros y los alborotaba. Parecía como si todos lo conocieran desde hace muchos años, pero acaba de llegar de otra escuela, porque sus padres se habían mudado para San Juan por motivos de trabajo. Entonces lo regañe por primera vez; él me contestó que le dejara conocer a sus nuevos compañeros; a lo que me negué y le dije que tendría tiempo suficiente para conocerlos.

Cuando comencé la 'clase de español, como a los 3 minutos, me dijo que ya sabia tomar dictados, hacer oraciones y dibujos relacionados a lo que se hablaba en las clases. Me dijo también que su maestra, la Sra. Cardona, en Lares, era mejor que yo, porque ella no le tenía que decir nada de lo que tenía que hacer. Que nunca lo obligó a hacer algo que no quisiera. Yo le respondí que en este salón el que mandaba era yo, y que aquí se hacía lo que yo dijera, le gustara o no le gustara. Que, si no estaba dispuesto a trabajar como los demás, le iba a ir muy mal. Me pareció que al momento ya yo había tenido control de la situación. Pero no fue así, porque al minuto levantó su mano y me pidió que le dejara hablar, a lo que accedí al momento.

Comenzó a hablar nuevamente con sus compañeros y le volví a llamar la atención. El niño me confrontó con sus compañeros porque yo le había dicho que si podía hablar. Sus compañeros comenzaron a reír como locos. Definitivamente, era la primera vez que un chico me tomaba al pelo, me hizo lucir mal frente al grupo. Me acerque al chico y le indique, de muy mala manera, que se fuera a la esquina de atrás del salón, de espaldas al grupo y que no volviera a hablar. Volvió a recalcar que era imposible, que estaba hecho para hablar. Le tape la boca con 'tape' y al fin tuve control de la situación y pude terminar la clase.

Al final de la clase me acerqué a él y le comenté si estaba dispuesto a escucharme, el asintió con su cabeza. Le quite el 'tape' y comenzamos a hablar. Jamás me pasó por la mente que, un niño de 8 años tuviera un vocabulario tan extenso.

Me dejó sorprendido, aunque no se lo demostré. Yo era el maestro y debía tener el control de la situación. Hablamos de su escuela anterior, de su maestra, de su casa y de su familia. Me pareció un niño normal, algo travieso, y muy listo.

Fueron varias las situaciones que sucedieron durante el año escolar. El niño, muy listo, siempre salía bien en sus clases, en sus proyectos, aunque atendía muy poco en las mismas. En ocasiones llegue a pensar que al fin lo había controlado, pero en ocasiones me sacaba de concentración con sus preguntas intensas y profundas. Muchas veces tuve que ponerme a leer sobre la pregunta del día, y notaba que en ocasiones erraba en mis respuestas. "¿Lo sabría él? Era mi constante pregunta.

En otras ocasiones lo enviaba a la biblioteca a que buscara sus propias respuestas y se las trajera a sus compañeros de clase. Siempre regresaba a los 20 minutos, muy exacto, en el tiempo y obviamente en sus respuestas. Al comunicarme con la bibliotecaria, me dijo que nunca lo había visto entrar a la biblioteca. Entonces, la intriga me invadió. ¿A dónde habría ido durante esos 20 veinte minutos? Nunca pude dar con la respuesta, por más que lo trate. Daba la impresión que el me vigilaba y nunca le pude perseguir.

Al fin, termine el año escolar. ¡He pasado el peor año de mi vida escolar! me dije. En 20 años de servicio, nunca me había topado con un caso así. Espero que este caso sea uno en 10 billones.

Para mi sorpresa, el próximo año escolar fui promovido a cuarto grado, ya que el maestro anterior, decidió acogerse al merecido retiro. Bueno, a mí me faltan 10 años más. ¡Espero que pasen pronto!

¡Qué horror! Grite despavorido. ¡No podía ser ¡No 10 podía creer! Me asignaron al chico nuevamente, con la justificación de que ya yo conocía del caso y lo había controlado. ¡Muy lejos de la realidad!

Comienzo cuarto grado. Yo estaba a la expectativa a lo que pudiera pasar. Una semana tranquila, pensé. Me volví a equivocar. El chico me recriminó que yo estaba enseñando lo mismo del año anterior, que él ya lo sabía. Le contesté que estamos trabajando sobre la base del año anterior para verificar que todos sepan y recuerden el material anterior. Me dijo que eso era una pérdida de tiempo y esfuerzo. Que me pagaban para enseñar y no para repetir. Me moleste grandemente y lo expulse del salón. 'Arito' como le conocían, en el fondo tenía la razón, pero el plan de trabajo, el currículo, me decía lo que tenía que hacer al pie de la letra por día, por semana, por mes.

Tenía los objetivos claramente definidos y la forma de lograrlos. Así que bajo ningún concepto podía salirme del programa establecido. Era mi primera vez en cuarto grado y aunque tenía 20 años de experiencia me sentía como novato ante este nuevo reto escolar.

Cuando Ariel decidió regresar estábamos conjugando algunos verbos sencillos. Nuevamente volvió a decirme que el también ya sabía conjugar verbos. Le di una prueba diagnóstica verbal, frente al grupo. Para su edad de 9, sabía que esta no la podía hacer. Le dije: Ariel conjúgame el verbo 'caber'.

Pensó un momento y le dije que me contestara al instante. El comenzó: yo quepo, pero tú no cabes. El cabe (señalando a un compañero), pero Luis no cupo. Si nosotros cupiéramos, los demás no cabrían. Si vamos en su 'Volky' tal vez no cabemos, a menos que los que quepan, se fueran primero. Pero como le dije al principio que usted no cabe, entonces se puede ir del salón. Sus compañeros comenzaron a burlarse de mi nuevamente. Lo tome fuertemente por su brazo y lo lleve a la directora. Definitivamente, me había faltado el respeto ante sus compañeros de clase. El alegó que yo lo había, retado y que el simplemente contesto el reto. La directora me dio la razón y lo suspendió por una semana. Sus padres nunca se enteraron de la suspensión. Ariel siempre salía de su casa para la escuela, y de la escuela para su casa. Además, siempre llevo notas excelentes a su hogar, no había razón para dudar de su habilidad cognitiva.

Sus constantes retos me obligaban a sacarle del salón prácticamente a diario. Ya para él era como una rutina. Confieso que para mí también. Ya no me sentía tranquilo si no lograba sacarlo del salón de clases. En ocasiones saque al grupo completo, porque no encontraba una excusa para sacarle a él. Me parece que el chico me enfermó. Me saco de mis casillas y volver a ellas se me estaba haciendo cada día más difícil. Al verlo, me parecía verle una burla en su cara. Definitivamente, yo estaba enfermo de él.

¡Logre terminar el cuarto grado! Ya Ariel pasaría para quinto grado y ahora sí que esperaba no repetir la situación. ¿Dos rayos en el mismo lugar? ¡Imposible! Seguí trabajando come pude. Me volví amargado pase mis últimos 8 años de vida escolar y más bien parecían como 30 más. No sé cómo lo hice, pero logre retirarme de la vida escolar. ¡Hoy me siento realizado!, pensé. En realidad, aturdido, enajenado, amargado y sin ganas de seguir trabajando.

Este chico me dejo maltrecho, fracasado...

Hoy, encuentran a este joven en las calles de San Juan. Le decían el 'Genio del Español' porque siempre se la pasaba escribiendo. Siempre que alguien se le acercaba para ver que escribía, él se alejaba, dejaba de escribir, corría y desaparecía. Nunca nadie logro leer, ni siquiera parte de sus escritos. Este famoso 'Genio del Español' era un joven deambulante como muchos en San Juan, usuario de droga, con SIDA y otras plagas sociales que usualmente suelen tener estos personajes nocturnos. Ariel, no salía de día. Siempre dijo que el día era para la escuela y la noche para pensar, para escribir, para hace lo que el día no le permitía. Nadie nunca lo entendió.

Ariel Quintana Álvarez, ese joven el que fue a mis clases, era el 'Genio del Español'. El que yo siempre castigue. Al que siempre busqué sacar del salón. Al que quise "matar", en ocasiones y nunca me atreví.

Yo lo envié a la calle. Lo expuse a un ambiente hostil. Lo puse siempre a la ofensiva. Nunca lo escuche. Nunca le pregunte que quería. Nunca le pregunte que sabía. Simplemente, termine por ignorarlo. Hoy reconozco a este joven como la persona que me reto y me gano. En realidad me gano siempre. Incluso hasta me gano en la muerte. Se fue primero que yo. Como para martirizarme me dejo con este cargo de conciencia, con el cual viviré el resto de mi amarga vida.

Este joven, el 'Genio del Español', apareció en las calles de San Juan con un libro bajo su brazo con el título "**SI TAN SOLO ME ENTENDIERAS**".

En realidad 'Ariel' fue un joven superdotado, con un cociente de inteligencia de más de 160. Sus habilidades verbales, su sensibilidad y su liderazgo lo colocaban con una gran ventaja ante sus compañeros de clase.

Lamentablemente, 'Ariel' nunca tuvo la oportunidad de ser estimulado, ni educado de acuerdo con sus necesidades y sus capacidades.

La mente de 'Ariel' se perdió en el tiempo, se perdió en el espacio. La mente de su maestro también se perdió en el tiempo, pero sigue ocupando espacio.

Aspectos Legales de la Educación para Estudiantes Dotados

Leyes para estudiantes dotados

En la búsqueda por garantizar los derechos y oportunidades de nuestros hijos y estudiantes con altas capacidades intelectuales, comprender y aplicar adecuadamente las leyes es fundamental. Estimo necesario realizarnos las siguientes preguntas:

- ¿Qué posibilidades tienen nuestros hijos intelectualmente dotados?
- ¿Cómo podemos como padres intervenir de manera efectiva para apoyarlos?
- ¿Qué papel desempeñan los educadores y psicólogos en este proceso?
- ¿Cómo pueden los directores escolares ofrecer un entorno propicio para el desarrollo de estos estudiantes excepcionales?

Estas interrogantes, cruciales y a menudo complejas, encuentran respuestas fundamentales en las páginas de este libro. Aquí, exploraremos las leyes pertinentes, proporcionaremos estrategias prácticas y compartiremos experiencias valiosas para empoderar a quienes se preocupan por el éxito educativo y emocional de los estudiantes dotados.

En algunas de las leyes que verán a continuación existe la posibilidad de encontrar errores ortográficos o de sintaxis. Las leyes se incluyeron en este libro tal y como fueron redactadas.

Ley 144-2018 – Ley de Estudiantes Dotados

Este nuevo estatuto se fundamenta en la Ley 159-2012, aprobada previamente a la reforma educativa. Contiene elementos de vital importancia que es crucial comprender. Entre ellos se incluyen la definición del concepto de estudiante dotado, las diversas alternativas académicas que abarcan variantes de la aceleración académica, la relevancia de seguir las recomendaciones de profesionales certificados por el estado, como los psicólogos escolares, y el reconocimiento del Instituto de Investigación y Desarrollo para Estudiantes Dotados como una entidad clave en la prestación de servicios para esta población.

Estos aspectos constituyen solo una parte del marco legal diseñado para asegurar el desarrollo integral y el éxito educativo de los estudiantes dotados, promoviendo un entorno donde puedan alcanzar su máximo potencial.

Ley Núm. 144 del año 2018

(P. del S. 572); 2018, ley 144

Para enmendar los Artículos 1.03, 1.04, 1.05, 2.08 y 9.05 de la Ley Núm. 85 de 2018, Ley de Reforma Educativa de Puerto Rico.

Ley Núm. 144 de 11 de julio de 2018

Para enmendar los Artículos 1.03, 1.04, 1.05, 2.08 y 9.05 de la Ley 85-2018, conocida como "Ley de Reforma Educativa de Puerto Rico", a los fines de atender los intereses y necesidades de la población de estudiantes dotados; actualizar el registro de estudiantes dotados dentro del sistema de educación pública; aclarar el concepto de "estudiante dotado"; definir el concepto "profesional certificado por el Estado" para propósitos de esta Ley, asignar fondos recurrentes para la debida continuación de la implantación de esta Ley; para evitar dilación en los procesos y servicios al estudiante dotado; y para otros fines relacionados.

EXPOSICIÓN DE MOTIVOS

La Constitución de Puerto Rico consigna, en el Artículo II, Sección 5, el derecho de toda persona "...a una educación que propenda al pleno desarrollo de su personalidad y al fortalecimiento del respeto de los derechos del hombre y de las libertades fundamentales". Tan importante es la educación para un pueblo, que la Constitución le impuso al Gobierno el deber de proveerle a nuestros niños y jóvenes un sistema de educación libre y no sectario, con enseñanza "...gratuita en la escuela primaria y secundaria, y hasta donde las facilidades del Estado lo permitan...". En ningún momento se excluye a los estudiantes dotados, quienes requieren que sus necesidades sean igualmente atendidas que al resto de la población estudiantil.

Nuestro sistema educativo público, administrado por el Departamento de Educación, ha servido por años a cientos de miles de estudiantes que han recibido el pan de la enseñanza en las cerca de 1,200 escuelas que lo componen. No obstante, nuestras escuelas públicas han carecido, a través de los años, de recursos humanos, particularmente capacitados, y de servicios específicamente dirigidos a satisfacer las necesidades de estudiantes con habilidades altamente excepcionales, debido a la falta de un programa universitario que capacite recursos en esta área de la educación. Los estudiantes dotados representan para los sistemas educativos un reto importante puesto que, de forma similar a los estudiantes de educación especial, requieren de servicios y programas educativos adaptados a sus necesidades particulares.

La recientemente derogada Ley Orgánica del Departamento de Educación de Puerto Rico, Ley 149-1999, según enmendada, contenía múltiples referencias a los estudiantes de alto rendimiento académico o con habilidades especiales e incluso reconoce la atención singularizada que estos estudiantes demandan. No obstante, es una realidad que las referencias a este segmento estudiantil han dejado fuera a los estudiantes dotados, y estos, no están siendo adecuadamente servidos. Ciertamente, aún queda mucho por hacer en lo que respecta a la organización de los servicios educativos que han de ofrecerse a esta población estudiantil. Es por ello, que las enmiendas a la Ley 85-2018 persiguen fortalecer las bases para el desarrollo de una estructura que permita ofrecer alternativas reales y documentadas para una educación dirigida a los estudiantes dotados, los cuales definimos a base de una serie de criterios integrados que incluyen: cociente intelectual igual o mayor de 130; capacidad social y cognitiva excepcional, por encima de la edad cronológica y superior a la de otros de su misma edad, entre otros, mediante evaluaciones psicológicas y educativas realizadas por profesionales certificados por el Estado.

El cociente intelectual, también conocido como coeficiente intelectual o "IQ", por sus siglas en inglés, es una cifra o puntuación que resulta de la realización de una prueba estandarizada que mide las habilidades cognitivas y la inteligencia relativa de una persona en relación con su grupo de edad. Si bien el cociente intelectual representa el potencial intelectual del estudiante, esto no garantiza su éxito en la escuela a menos que se le presenten o brinden las herramientas y alternativas educativas necesarias para desarrollar al máximo dicho potencial. Por su parte, la evaluación educativa es una herramienta capaz de identificar las necesidades del estudiante en el proceso educativo y de ofrecer una información detallada sobre el potencial de desarrollo del mismo, en la medida que presenta su nivel de aprovechamiento académico. En este sentido, la evaluación se sitúa al servicio del aprendizaje, dado que es el mejor modo de identificar a los alumnos con el potencial de aprender, capaces de valorar su progreso académico y el desarrollo de sus destrezas y habilidades estudiantiles y personales.

En vista de que los estudiantes dotados poseen características intelectuales individuales y específicas, necesitan de una educación ajustada a su realidad. Actualmente, los métodos y ofrecimientos educativos del Programa de Educación Especial del Departamento de Educación van dirigidos a grupos especiales de niños identificados con algún problema de aprendizaje, impedimento o discapacidad, y no así, para estudiantes dotados. El proceso educativo tiene que tomar en consideración las diferencias individuales y tratar a todos los estudiantes con equidad y justicia. En este contexto, equidad implica brindarle a cada estudiante los instrumentos necesarios para desarrollar al máximo sus capacidades y necesidades educativas, emocionales y sociales.

Otras de las peculiaridades o hallazgos sobre esta población, es que tenemos estudiantes con un alto potencial intelectual, pero que sus calificaciones no representan el potencial que poseen. A estos se les conoce como estudiantes dotados con bajo rendimiento académico. El bajo rendimiento puede ocurrir por la falta de una identificación temprana, falta de conocimiento de los padres, o falta de atención en la escuela, u otras condiciones. A los estudiantes de bajo rendimiento académico, en muchas ocasiones, se les niegan los servicios por la aparente falta de interés que éstos pudieran demostrar en el salón de clases, lo cual puede provocar una identificación errónea. Es importante consignar que los estudiantes dotados también pueden presentar doble excepcionalidad. Esto implica una capacidad cognitiva muy superior y la comorbilidad de esta característica con algunas áreas de deficiencia: deficiencia sensorial, déficit de atención, hiperactividad, oposicional, desafiante, autista, entre otros. La falta de motivación o un manejo adecuado puede llevar al estudiante a sufrir de depresión de carácter existencial, con las causas que esto conlleva. Sin embargo, no hay evidencia concluyente que confirme que los dotados sean más propensos al suicidio que los no dotados (Delisle, 1986), pero el suicidio entre los dotados es un asunto serio.

Además, para efectos de esta Ley es muy importante brindarle servicios especializados a los estudiantes dotados, identificados con bajo rendimiento académico. No atenderlos puede significar, enviar a la calle a personas con alto potencial académico sin completar sus estudios formales; convirtiéndolos en potenciales desertores escolares, con los efectos sociales que esto conlleva para ellos y para la sociedad. Los servicios esenciales para esta población son parte de un programa de prevención, que de lo contrario le puede costar miles o millones de dólares, al pueblo de Puerto Rico, en costos de rehabilitación.

Hoy día, aún con los avances educativos existentes, el mejoramiento de los currículos y la integración de la tecnología al salón de clases, la gran mayoría de los maestros carece de las técnicas y recursos necesarios para desarrollar al máximo el potencial del estudiante dotado. Estos estudiantes, a diferencia de otros en la corriente regular del sistema de educación, poseen un nivel de aptitud (entiéndase la habilidad para razonar y aprender) excepcional, demostrando un nivel de competencia igualmente sobresaliente en una o más materias. En ocasiones, manifiestan sus habilidades en materias cognitivas, en el arte, en actividades físicas, en el liderazgo y en el aprendizaje de conceptos avanzados, entre otros. Los estudiantes dotados tienen un nivel intelectual sobre promedio y aprenden a un ritmo más acelerado que sus pares. Por ende, para desarrollar y potenciar al máximo sus capacidades, necesitan de alternativas educativas que los reten, los estimulen y los motiven en la búsqueda del desarrollo cognitivo.

El no proveer las alternativas educativas necesarias al estudiante dotado propicia que éste entre en un patrón de aburrimiento, aislamiento y falta de interés en la escuela. Ello suele traer como consecuencia que se identifique de forma incorrecta al estudiante dotado como un estudiante que sufre déficit de atención y/o hiperactividad y trastorno oposicional desafiante, entre otros. Un estudiante aburrido, aislado y con falta de interés en la escuela tiene altas probabilidades de convertirse en un desertor escolar.

Indudablemente, los estudiantes dotados merecen recibir, al igual que todos los demás, una educación adecuada a sus características, tanto intelectuales como sociales y de la propia personalidad. Desatender las necesidades de la población de estudiantes dotados implica desperdiciar su alto potencial intelectual y lanzarlos a la calle a su propia suerte. Estos estudiantes muy bien podrían estar realizando mañana significativas aportaciones a nuestra sociedad, en todos sus niveles -económicos, políticos, científicos, tecnológicos, sociales impulsando así los grandes cambios que necesitamos como pueblo.

Con la aprobación de la Ley 159-2012 se comenzó el proceso formal de identificación de estudiantes dotados para el Departamento de Educación, se estableció el primer registro de casos para esta población en el sistema público de enseñanza, se inició un programa de conferencias para maestros y trabajadores sociales, se generaron talleres especializados para los estudiantes dotados identificados, y se originó un programa de orientación a las familias de estos estudiantes.

Debido a la falta de personal capacitado dentro del Departamento de Educación, se utilizaron los servicios del Instituto de Investigación y Desarrollo para Estudiantes Dotados (IIDED), entidad registrada en el Departamento de Estado como una sin fines de lucro, para ofrecer los programas antes mencionados. El IIDED es la única entidad en Puerto Rico y el Caribe que brinda los servicios de manera integrada para identificar a los estudiantes dotados, orientar a la familia del alumno, ofrecer talleres especializados a los estudiantes identificados, y capacitar recursos en las escuelas.

Desde la aprobación de la aludida ley, el IIDED ha identificado a más de 750 estudiantes dotados en toda la isla, cerca de 40 estudiantes universitarios, algunos con entrada temprana a la universidad (entrada a la universidad de estudiantes dotados de 12, 13, 14, 15 y 16 años); y en donde reportan cero casos de deserción escolar entre sus estudiantes, esto debido a la efectividad de sus programas y compromisos con esta población.

A tono con lo anterior, con esta Ley continuamos fomentando el desarrollo de servicios y alternativas educativas que maximicen la capacidad de los estudiantes dotados, de manera que éstos puedan enfrentar nuevos retos educativos y, eventualmente, contribuir al avance de nuestra sociedad. Para ello, es necesario que el Departamento de Educación provea una variedad de servicios que atiendan las necesidades educativas y emocionales concretas de los diferentes tipos de personas dotadas. Los servicios identificados para esta población estudiantil se clasifican en cuatro (4) categorías: (1) enriquecimiento, que incluye actividades dentro o fuera del currículo ordinario que suministren experiencias ricas y variadas al alumno; (2) agrupación, que implica la clasificación de estudiantes de acuerdo a sus habilidades para permitir una educación más apropiada, rápida y avanzada, que vaya a la par con el desarrollo de las destrezas y capacidades de los estudiantes dotados; (3) currículos específicos para los alumnos dotados. Estas primeras tres categorías requieren de una capacitación formal del maestro, director escolar y trabajador social que puede llevarse a cabo mediante programas de educación continua o mediante el desarrollo de programas universitarios; lo cual conlleva recursos económicos adicionales de parte del Estado; (4) Las alternativas de aceleración, las cuales abarcan una serie de estrategias que van desde la aceleración total (que implica saltar de grados); la aceleración por materias y la admisión temprana a la escuela para niños que, a pesar de no contar con la edad "oficial" para ello, su capacidad social, emocional y cognitiva los hacen merecedores de tal oportunidad; y la entrada temprana a la universidad, que ha probado ser muy efectiva para los estudiantes dotados. Las alternativas de aceleración han demostrado ser efectivas para el estudiante y económicas para el Estado.

Existe investigación contundente, realizada en los últimos años, que confirma la validez e importancia de las alternativas de aceleración para estudiantes dotados. El Informe Nacional Templeton (2004) y el informe Una Nación Apoderada (2014), recomiendan, de manera inequívoca, estas opciones como las mejores y más efectivas alternativas para satisfacer las necesidades del estudiante dotado (véase como referencia www.accelerationinstitute.org). Aparte de ser las mejores alternativas, también son las más económicas para el Estado puesto que implican un mínimo en gastos. No obstante, con esta medida no se limitan los ofrecimientos para los estudiantes dotados, por el contrario, se provee otras herramientas para atender efectivamente las necesidades de esta población estudiantil.

El reconocimiento al derecho que posee un alumno dotado a disfrutar de alternativas de aceleración y servicios educativos complementarios puntualiza el compromiso de garantizar un quehacer educativo inclusivo y vanguardista. Asimismo, es indispensable entablar programas de adiestramiento para los profesionales de la docencia que contribuyan a lograr procesos educacionales de calidad a través de la adopción de estrategias que atiendan eficazmente las necesidades educativas de estos alumnos.

DECRÉTASE POR LA ASAMBLEA LEGISLATIVA DE PUERTO RICO:

Sección 1.- Se enmienda el inciso (a) del Artículo 1.04 de la Ley 85-2018, para que lea como sigue:

"Artículo 1.04.-Asistencia Compulsoria.

(a) La asistencia a las escuelas será obligatoria para los estudiantes entre cinco (5) a dieciocho(18) años de edad, excepto: los estudiantes de alto rendimiento académico; los estudiantes dotados; los estudiantes que participen de un programa educativo alterno de enseñanza primaria y secundaria o su equivalente; y los estudiantes que estén matriculados en algún programa de educación secundaria para adultos u otros programas que los preparen para ser readmitidos en las escuelas regulares diurnas o que hayan tomado el examen de equivalencia de escuela superior.

(b) …

Sección 2.- Se enmienda el inciso (i) del Artículo 9.05 de la Ley 85-2018, para que lea como sigue:

"Artículo 9.05.-Pertinencia de Programas de Estudio. —

Los programas de estudio de las escuelas se ajustarán a las necesidades y experiencia de sus estudiantes. Los directores, los maestros y los consejos profesionales, cuidarán que los cursos que la escuela imparte:

(a) . . .

(i) Cuenten con programas dirigidos a atender las necesidades académicas del estudiante dotado, sus intereses y necesidades psicosociales particulares que puedan incidir con su desarrollo holístico e integración social mediante alternativas de aceleración, enriquecimiento, agrupación, y otros modelos curriculares que le permitan recibir el aprendizaje a base de su crecimiento cognitivo individualizado.

(j) …"

Sección 3.- Se enmienda el Artículo 1.05 de la Ley 85-2018, para que lea como sigue:

"Artículo 1.05.- Expedientes Escolares. —

Los directores de escuelas serán responsables de mantener y custodiar los expedientes escolares de su matrícula. Estos deberán contener la siguiente información del estudiante: nombre, dirección, teléfono, nombre de los padres, tutores o encargados y su información de contacto, datos académicos tales como calificaciones y resultados de evaluaciones, información sobre condiciones de salud y certificado de vacunas, siempre salvaguardando la confidencialidad de dicha información, informes disciplinarios, informes de asistencia, escuelas en las que ha estado matriculado, cursos tomados, reconocimientos y grados otorgados, y en los casos de estudiantes de educación especial los informes del PEI.

Los expedientes escolares serán de naturaleza confidencial, con excepción de la información compartida entre funcionarios de las agencias de gobierno o instituciones educativas, según las limitaciones y requisitos impuestos por las leyes aplicables, en el curso y ejercicio de sus funciones, o cualquier información requerida mediante orden judicial. El expediente escolar deberá contener información clara y actualizada y deberá estar accesible para casos de traslado del estudiante a otras escuelas o jurisdicciones.

La información escolar recopilada será enviada a las Oficinas Regionales Educativas para que, salvaguardando la identidad de los estudiantes, formen parte del Sistema de Datos Longitudinal del Departamento.

El Secretario creará un registro de estudiantes dotados dentro del sistema de educación pública. Serán considerados estudiantes dotados aquellos que satisfagan la definición dispuesta en el Artículo 1.03 de esta Ley y en la reglamentación, que a tales efectos, promulgue el Secretario."

Sección 4.-Se enmienda el inciso (l.) del Artículo 2.08 de la Ley 85-2018, para que lea como sigue:

"Artículo 2.08.- Deberes y Responsabilidades del Superintendente de la Oficina Regional Educativa.

l. Gestionar con las universidades de Puerto Rico la coordinación y revisión de sus ofrecimientos con las necesidades del sistema de educación pública en lo referente a:

1. …

5. El establecimiento de programas de educación continua y de readiestramiento de maestros. Se brindará adiestramientos a los profesionales de la docencia para que éstos puedan identificar asertivamente a los estudiantes dotados, de conformidad con los parámetros, que, a tales efectos desarrolle el Departamento. Disponiéndose que mientras se desarrolle el proceso de capacitación de los recursos en la escuela, los procesos de aceleración académica recomendados por el profesional certificado por el Estado no pueden ser detenidos. Los mismos deberán llevarse a cabo de acuerdo a lo recomendado.

. . ."

Sección 5.- Se añaden los nuevos incisos 24 y 41, y se redesignan los subsiguientes, en el Artículo 1.03 de la Ley 85-2018, para que lea como sigue:

"Artículo 1.03.- Definiciones. —

1. …

24. Estudiante dotado: El niño o joven con un cociente intelectual igual o mayor de 130, que posee una capacidad social y cognitiva excepcional, por encima de su edad cronológica y superior a la de otros de su misma edad, experiencia o ambiente, y que exhibe y demuestra, mediante evaluaciones psicológicas y educativas realizadas por profesionales certificados por el Estado, alta capacidad intelectual, creativa, artística o de liderazgo, o en una o más áreas académicas específicas.

…

41. Profesional certificado por el Estado: aquella persona que haya completado su programa profesional como psicólogo, obtenga la certificación del Estado y la misma esté vigente. Los hallazgos, sugerencias y recomendaciones que realice este profesional deberán ser considerados prioritariamente en la prestación de los servicios educativos para el estudiante dotado dentro del ambiente escolar.

…"

Sección 6.- Se ordena al Secretario de Educación adoptar la reglamentación necesaria para implantar las disposiciones de esta Ley en un término no mayor de noventa (90) días a partir de la aprobación de la misma.

Sección 7.- Se asigna al Instituto de Investigación y Desarrollo para Estudiantes Dotados, Inc. (IIDED) la cantidad de trescientos mil dólares ($300,000.00) de forma recurrente, para los años fiscales 2018-2019, 2019-2020 y 2020-2021, provenientes del presupuesto del Departamento de Educación. El Departamento de Educación fiscalizará los fondos asignados al IIDED. Los fondos asignados en esta Ley deberán ser utilizados por el IIDED para: colaborar con el Departamento de Educación de Puerto Rico en la actualización del Registro de Estudiantes Dotados; continuar ofreciendo servicios gratuitos de evaluaciones psicológicas y educativas de los casos referidos por el Departamento de Educación, para la identificación de los estudiantes dotados; ofrecer servicios de orientación y apoyo a las familias de estudiantes dotados; realizar visitas a las escuelas para coordinar esfuerzos en la prestación de servicios para estudiantes dotados; capacitar recursos (maestros, orientadores, trabajadores sociales y directores) del Departamento de Educación; colaborar con la Universidad de Puerto Rico, y sus programas de educación y psicología, en la preparación de nuevos recursos para el país; y llevar a cabo talleres especializados para los estudiantes dotados identificados por el IIDED. Además, el IIDED establecerá una oficina para identificar y servir a la población de estudiantes dotados, sus familias y escuelas en la isla, otra oficina de servicios para tener mayor acercamiento a la zona suroeste del país.

Sección 8.- El IIDED rendirá trimestralmente al Departamento de Educación un informe sobre el uso y los resultados de los fondos asignados en esta Ley. El Departamento de Educación a su vez le rendirá informes trimestrales a la Asamblea Legislativa sobre cómo está administrando esta Ley, su cumplimiento y resultados obtenidos.

Sección 9.- Si cualquier cláusula, párrafo, subpárrafo, oración, palabra, letra, artículo, disposición, sección, subsección, título, capítulo, subcapítulo, acápite o parte de esta Ley fuera anulada o declarada inconstitucional, la resolución, dictamen o sentencia a tal efecto dictada no afectará, perjudicará, ni invalidará el remanente de esta Ley. El efecto de dicha sentencia quedará limitado a la cláusula, párrafo, subpárrafo, oración, palabra, letra, artículo, disposición, sección, subsección, título, capítulo, subcapítulo, acápite o parte de la misma que así hubiere sido anulada o declarada inconstitucional. Si la aplicación a una persona o a una circunstancia de cualquier cláusula, párrafo, subpárrafo, oración, palabra, letra, artículo, disposición, sección, subsección, título, capítulo, subcapítulo, acápite o parte de esta Ley fuera invalidada o declarada inconstitucional, la resolución, dictamen o sentencia a tal efecto dictada no afectará ni invalidará la aplicación del remanente de esta Ley a aquellas personas o circunstancias en que se pueda aplicar válidamente. Es la voluntad expresa e inequívoca de esta Asamblea Legislativa que los tribunales hagan cumplir las disposiciones y la aplicación de esta Ley en la mayor medida posible, aunque se deje sin efecto, anule, invalide, perjudique o declare inconstitucional alguna de sus partes, o aunque se deje sin efecto, invalide o declare inconstitucional su aplicación a alguna persona o circunstancia.

Sección 10.- Esta Ley comenzará a regir inmediatamente después de su aprobación.

Ley 145-2018 – Programa de Becas para Estudiantes Dotados

Bajo la ley 145-2018, el Departamento de Educación de Puerto Rico (DEPR) ofrece varios programas de becas para los estudiantes dotados en Puerto Rico. El DEPR publica en su página web y envía a todas las escuelas información pertinente al programa de becas. En el mismo se encuentran los detalles específicos de estas becas.

- Programa de Becas
- Campamentos de verano
- Adelantar cursos universitarios
- Menores de 18 en bachillerato (programas sub-graduados)
- Menores de 18 en programas graduados

Cada uno de estos programas de becas tiene requisitos diferentes. Exhortamos a las familias a leer cuidadosamente cada uno de ellos y solicitar de acuerdo con los intereses y necesidades del estudiante.

Cada año, el Departamento de Educación estará abriendo convocatorias para diferentes programas de becas. Para las becas que impacten a los estudiantes dotados, el IIDED estará monitoreando con frecuencia para así hacerle saber a todos la disponibilidad de las mismas.

Beca especial dual – Para los estudiantes dotados de escuela superior que están adelantando cursos universitarios, el Departamento de Educación paga hasta dos clases por semestre. Estas clases se pueden tomar en modalidad virtual o presencial y tienen que ser con universidad locales en Puerto Rico.

Beca de Honor – Con esta beca el Departamento de Educación paga el año académico del estudiante dotado, mientras mantengan un promedio académico de 3.50 o más, esté en una universidad en Puerto Rico y no haya cumplido 19 años al comienzo del año académico. El Departamento de Educación ha otorgado hasta $6,000 para estos casos.

Beca de Máximo Mérito – Esta beca, igual a la anterior, ha otorgado hasta $25,000 para estudiantes que prosiguen estudios graduados y no han cumplido los 19 años. Los estudios se tienen que realizar en una universidad local certificada por el estado.

Ley Núm. 145 del año 2018

(P. del S. 672); 2018, ley 145

Para enmendar el Artículo 6 de la Ley Núm. 170-2002, con el fin de incluir, entre las becas que concede el Departamento de Educación de Puerto Rico.

Ley Num. 145 de 11 de julio de 2018

Para enmendar el Artículo 6 de la Ley Núm. 170-2002, según enmendada, con el fin de incluir, entre las becas que concede el Departamento de Educación de Puerto Rico, una beca para que los estudiantes dotados o con alto potencial intelectual puedan tomar cursos a nivel universitario de mayor complejidad; y para otros fines relacionados.

EXPOSICIÓN DE MOTIVOS

El concepto "dotado" significa una persona con particulares condiciones o cualidades para algo,[1] que consistentemente demuestra un comportamiento notable en cualquier línea de desarrollo.[2] Un niño dotado tiene un funcionamiento cognitivo que va por encima de su edad cronológica, con la habilidad de poder desarrollarse en varias áreas de interés.

Sin embargo, un cociente intelectual superior a 130 en los niños que no reciben una identificación o atención adecuada a su capacidad pudiera repercutir en consecuencias como hiperactividad y falta de atención. También se ha encontrado que estos niños no se relacionan bien con sus pares, tienen un alto nivel de agresividad, sufren de depresión e incluso existe un porcentaje alarmantemente alto de fracaso escolar,[3] si no son atendidos asertivamente.

Por tal razón, es importante identificar a temprana edad las características de los estudiantes dotados. Según el Instituto de Investigación y Desarrollo para Estudiantes Dotados (IIDED), estos niños aprenden a leer y escribir rápidamente; poseen un vocabulario y habilidad verbal avanzada; operan a un alto nivel de pensamiento; y realizan tareas abstractas y complejas. Además, les disgustan las tareas repetitivas, son observadores, sensibles, detallistas y pueden observar patrones, relaciones y conexiones que otros no ven, entre otras características.

El IIDED indica que existen distintos tipos de dotación. Por ejemplo, algunos sobresalen en los deportes o en las artes. Estos menores, por lo general, pueden desarrollar sus talentos al máximo, ya que existen facilidades deportivas y programas para ello. Sin embargo, para los que poseen habilidades académicas específicas, el potencial de desarrollo es limitado por falta de programas dirigidos a sus habilidades especiales.

Es importante buscar oportunidades educativas para ayudar a los estudiantes dotados a desarrollar al máximo su potencial. La Ley 170-2002, según enmendada, autorizó la asignación de fondos al Departamento de Educación de Puerto Rico con el fin de conceder ayudas educativas a estudiantes de nivel elemental y secundario que cumplan con los criterios uniformes de elegibilidad. Cónsono con lo dispuesto en la Ley 170, *supra*, el Departamento de Educación estableció un programa de becas escolares dirigido por la Oficina para la Promoción de Excelencia Estudiantil.

Por todo lo antes expuesto, para esta Asamblea Legislativa es imprescindible fomentar la educación de los estudiantes dotados para que puedan expandir sus horizontes académicos. Para cumplir con este propósito, estima necesario enmendar la Ley 170, antes citada, para que de los fondos asignados al Departamento de Educación, destinados para otorgar ayudas educativas, se incluya una beca para estudiantes dotados.

DECRÉTASE POR LA ASAMBLEA LEGISLATIVA DE PUERTO RICO:

Sección 1.- Se enmienda el Artículo 6 de la Ley 170-2002, según enmendada, para que lea como sigue:

"Artículo 6.- Fondos para becas y ayudas educativas

A partir del Año Fiscal 2003-2004, los fondos para los programas de becas y ayudas educativas se asignarán del Fondo General del Tesoro Estatal y de cualesquiera otros fondos que se identifiquen para este propósito. Los fondos destinados para los programas de becas y ayudas educativas para los estudiantes de la Universidad de Puerto Rico se asignarán, para su distribución, directamente a la Universidad.

Los fondos destinados a la Administración de Familias y Niños (ADFAN), adscrita al Departamento de la Familia de Puerto Rico, se utilizarán para otorgar ayudas económicas a familias de escasos recursos para que sus niños y niñas de cero (0) a cuatro (4) años de edad puedan obtener educación a través de centros de cuido.

Los fondos asignados al Departamento de Educación de Puerto Rico serán para otorgar ayudas educativas y asistencia a las familias. De estos fondos, se debe incluir una beca escolar especial otorgada a estudiantes con discapacidades o condiciones especiales, que reciben servicios a través de la alternativa de Salón Contenido del Programa de Educación Especial del Departamento de Educación, una vez demuestren talento o habilidades especiales en disciplinas, tales como música, artes plásticas, baile, teatro, deportes o algún área de estudios particular. De igual manera, el quince por ciento (15%) del presupuesto actual de becas asignadas al Departamento de Educación se destinará para becas a favor de estudiantes dotados o con alto potencial intelectual con el objetivo que puedan tomar cursos a nivel universitario de mayor complejidad. El Departamento de Educación de Puerto Rico establecerá criterios uniformes de elegibilidad para estudiantes de nivel elemental y secundario. Dichos criterios estarán estrictamente basados en el desempeño académico de los estudiantes de ambos niveles, sin consideración de su ingreso familiar. En el caso de las becas escolares especiales del Programa de Educación Especial, no se tomará en consideración el desempeño académico."

Sección 2.- Reglamentación

El Departamento de Educación de Puerto Rico deberá establecer mediante reglamento las normas necesarias para la aplicación de esta Ley, dentro de los noventa (90) días de su aprobación.

Sección 3.- Fondos

El Departamento de Educación de Puerto Rico tiene la obligación de incluir la beca para estudiantes dotados entre las becas que administra. Los fondos provendrán de la misma fuente de la cual se nutren las otras becas y se afectarán a prorrata para cubrir la necesidad reconocida en esta Ley. El Departamento de Educación de Puerto Rico podrá recibir donativos o fondos adicionales de entidades públicas o privadas para cumplir con los propósitos de la presente Ley y para el pareo de la misma.

Sección 4.- Vigencia

Esta Ley comenzará a regir inmediatamente después de su aprobación.

Ley 146-2018 – Carta de Derechos del Estudiante Dotado

La Carta de Derechos para Estudiantes Dotados en Puerto Rico, establecida bajo la Ley 146-2018, es un documento fundamental que asegura y promueve los derechos de los estudiantes con capacidades excepcionales. Esta ley contiene varios aspectos importantes:

1. Reconocimiento y Protección de Derechos - La ley garantiza que los estudiantes dotados tengan derechos específicos reconocidos por el estado, asegurando que sus necesidades educativas únicas sean atendidas de manera adecuada. Este reconocimiento es crucial para proteger a estos estudiantes de la negligencia educativa y asegurar que reciban una educación acorde con su potencial.

2. Educación Personalizada y Enriquecida - La ley establece la obligación de desarrollar programas educativos personalizados y enriquecidos que desafíen y estimulen a los estudiantes dotados. Esto incluye la creación de currículos adaptados, actividades extracurriculares, y oportunidades avanzadas de aprendizaje que fomenten su desarrollo académico y personal.

3. Capacitación de Maestros y Personal Educativo - La ley también contempla la necesidad de capacitar a los maestros y al personal educativo en técnicas y estrategias específicas para enseñar a estudiantes dotados. Esta capacitación es vital para que los educadores puedan identificar, comprender y apoyar adecuadamente a estos estudiantes en su proceso de aprendizaje.

4. Evaluación y Seguimiento Continuo - La Carta de Derechos estipula la implementación de evaluaciones continuas y el seguimiento del progreso de los estudiantes dotados. Este monitoreo constante permite ajustar los programas educativos según las necesidades cambiantes de los estudiantes y asegurar que estén alcanzando su máximo potencial.

5. Participación de la Comunidad y las Familias - La ley fomenta la participación de las familias y la comunidad en la educación de los estudiantes dotados. Esto incluye la colaboración con padres y tutores en el desarrollo de planes educativos y la promoción de una red de apoyo más amplia que incluya a la comunidad educativa en general.

6. Igualdad de Oportunidades - Uno de los principios fundamentales de la ley es asegurar que todos los estudiantes dotados, independientemente de su trasfondo socioeconómico y académico, tengan acceso a los recursos y programas necesarios para su desarrollo. Esto es crucial para promover la igualdad de oportunidades y evitar la discriminación en el ámbito educativo.

Impacto de la Ley

La implementación de la Ley 146-2018 representa un avance significativo en el sistema educativo de Puerto Rico, promoviendo un entorno más inclusivo y equitativo para los estudiantes dotados. Además, al garantizar que estos estudiantes reciban una educación adecuada, la ley contribuye al desarrollo de futuros líderes, innovadores y profesionales altamente capacitados que pueden aportar significativamente al progreso de la sociedad puertorriqueña.

La Carta de Derechos para Estudiantes Dotados es crucial para asegurar que los estudiantes con capacidades excepcionales en Puerto Rico reciban la atención y el apoyo que necesitan para desarrollar su potencial al máximo, contribuyendo así a una sociedad más justa e inclusiva.

Esta carta fue enmendada mediante la Ley 66-2024, aprobada el 2 de mayo de 2024, para incluir el derecho número 32, el cual se añade al presente documento. La misma otorga un nuevo derecho a los estudiantes que son educados en el hogar.

Ley Núm. 146 del año 2018

(P. del S. 748); 2018, ley 146

Carta de Derechos del Estudiante Dotado de Puerto Rico.

Ley Num. 146 de 11 de julio de 2018

Para crear la "Carta de Derechos del Estudiante Dotado de Puerto Rico", a los fines de definir cuáles serán los derechos de éstos, atender sus necesidades, declarar sus beneficios, y establecer que las Instituciones de Educación Básica públicas y privadas o de Educación en el hogar deberán contar con servicios educativos dirigidos a atender los intereses y necesidades de la población de estudiantes dotados.

EXPOSICIÓN DE MOTIVOS

La Constitución de Puerto Rico, en la Sección 1 de su Artículo II, dispone que, "todos los seres humanos son iguales ante la ley". El reconocimiento de igualdad para todos los seres humanos impone al Gobierno de Puerto Rico el compromiso de crear las circunstancias particulares que propendan una mejor calidad de vida de los puertorriqueños. Esta responsabilidad se resalta en la educación del pueblo, ya que, según la Constitución de Puerto Rico, toda persona tiene el derecho a una educación "…que propenda al pleno desarrollo de su personalidad…". Tomando en consideración que el desarrollo de la personalidad de cada ser humano se fomenta de manera única, las necesidades de cada estudiante se tienen que atender de acuerdo con su propia individualidad. Es por ello, que los niños dotados merecen recibir, al igual que todos los demás, una educación de excelencia.

Los estudiantes dotados necesitan una educación que le permita desarrollar al máximo sus respectivas capacidades. Requieren de servicios que atiendan adecuadamente sus intereses de acuerdo con sus necesidades. Con el propósito de atender estos problemas y beneficiar a toda la isla, es que nace esta legislación en busca de establecer la Primera Carta de Derechos para Niños Dotados de Puerto Rico.

Es política pública del Gobierno de Puerto Rico que cada estudiante pueda desarrollar al máximo su potencial. La educación en Puerto Rico tiene 2 divisiones, la educación regular y la educación especial. Los programas de educación especial fomentan el desarrollo óptimo de la personalidad y las habilidades intelectuales de los estudiantes con necesidades especiales, ofreciéndoles preparación académica, social y moral.

El sistema de educación tiene que tomar en consideración la diversidad de los estudiantes y tratarlos a todos con equidad y justicia. En este contexto equidad implica brindarle a cada estudiante las herramientas necesarias para desarrollar al máximo sus capacidades y potenciales individuales.

El proceso educativo tiene que adaptarse y responder a las necesidades particulares de los dotados. El no proveer las alternativas educativas necesarias al estudiante dotado propicia que este pierda interés en la escuela. En ocasiones, esto provoca que se identifique de forma incorrecta al estudiante dotado como un estudiante que sufre de déficit de atención o trastorno oposicional desafiante, entre otros. Desatender las necesidades de un niño dotado provoca que se limite su alto potencial intelectual y aumenta sus probabilidades para convertirse en un desertor escolar.

La definición de "niño dotado" fue desarrollada en el año 1972 a través del documento denominado "Informe Marland" redactado para el Congreso de los Estados Unidos de América. Para el año 1988, el Congreso Federal aprobó la Ley "*Jacob Javits Gifted and Talent Students Education (JAVITS)*" con el objetivo de apoyar educativamente a los estudiantes talentosos. La *National*

Association for Gifted Children (NAGC) estima que en Estados Unidos existen aproximadamente tres millones de estudiantes dotados. Por su parte, el Instituto de Investigación y Desarrollo para Estudiantes Dotados (IIDED) de Puerto Rico plantea que estadísticamente la población de estudiantes dotados es de 2.27%.

Los derechos de los estudiantes dotados son reconocidos internacionalmente, cada día con mayor frecuencia. De igual manera, se circunscriben otros derechos como los desarrollados por tratadistas como, Duncan, Haase y Bertie Kingore. Además, países como España, México, Australia, Nueva Zelanda y Estados Unidos tienen organizaciones que protegen los derechos de los estudiantes dotados. Esta Ley definirá a Puerto Rico como una jurisdicción pionera a nivel global, al establecer una carta de derechos por mandato de Ley, colocándose así a la vanguardia en la protección de los derechos de los estudiantes dotados, sin importar en el sistema educativo que se encuentren.

Es por todo lo antes expuesto, que la Asamblea Legislativa de Puerto Rico entiende meritorio establecer la primera Carta de Derechos del Estudiante Dotado de Puerto Rico.

DECRÉTASE POR LA ASAMBLEA LEGISLATIVA DE PUERTO RICO:

Artículo 1.- Título.

Esta Ley se conocerá como "Carta de Derechos del Estudiante Dotado de Puerto Rico".

Artículo 2.- Aplicabilidad.

Esta Ley aplicará a los estudiantes que residan en Puerto Rico identificados como dotados por un profesional certificado por el estado que estudien en una institución de educación básica o en el hogar.

Artículo 3.- Definiciones.

Para fines de esta Ley, los siguientes términos tendrán el significado que a continuación se expresa:

1. Estudiante Dotado: Se refiere a un niño o joven con un cociente intelectual igual o mayor de 130, que posee una capacidad cognitiva excepcional, por encima de su edad cronológica y superior a la de otros de su misma edad, y que exhibe y demuestra, mediante evaluaciones psicológicas y educativas realizadas por un profesional certificado por el

estado: alta capacidad intelectual, creativa, artística o de liderazgo, y maneras de aprendizaje preferidas.

2. Consejo: Se refiere al Consejo de Educación de Puerto Rico, según definido en el Plan de Reorganización 1-2010, según enmendado, conocido como "Plan de Reorganización del Consejo de Educación de Puerto Rico". Para fines de esta Ley, en adelante se le conocerá como Consejo.

3. Instituto de Investigación y Desarrollo para Estudiantes Dotados: Organización sin fines de lucro especializada en servicios para la población de estudiantes dotados en Puerto Rico.

4. Institución de Educación Básica: Institución educativa pública del Departamento de Educación de Puerto Rico, privada o municipal con ofrecimientos académicos de nivel preescolar, elemental, secundario, vocacional, técnico, de altas destrezas y postsecundario de carácter no universitario.

5. Educación en el hogar: Proceso de aprendizaje donde el contexto educativo del niño es principalmente su hogar y su familia y fuera de una Institución de Educación Básica.

6. Profesional certificado por el estado: Profesional que haya completado su grado universitario como psicólogo, obtenga la certificación del Estado y la misma esté vigente.

7. Carta de Derechos: Documento en el cual se enumeran los derechos y libertades que se estiman esenciales y fundamental para todos los seres humanos, con la finalidad de protegerlos y defenderlos contra cualquier tipo de amenaza.

Artículo 4.- Derechos Generales de los Estudiantes Dotados.

Los estudiantes dotados tienen derecho a:

1. Recibir educación de acuerdo con sus intereses y necesidades.
2. Desarrollar sus propios intereses y talentos, tanto en la escuela como en el hogar.
3. Recibir nuevas oportunidades de aprendizajes a través de un currículo educativo que se caracterice por la originalidad y creatividad.
4. Integrarse a un proceso de aprendizaje con mayor rapidez y adentrarse en conceptos, temas y conocimientos de mayor complejidad.
5. Profundizar a través del análisis crítico sobre temas de interés personal.
6. Pensar de forma diferente o sugerir ideas diferentes de hacer las cosas.
7. Ser justo, idealista, sensitivo y sensible.
8. Cuestionar los procesos existentes y proponer soluciones nuevas sin que esto sea visto como un desafío a la autoridad.
9. Ser persistentes.

10. Disfrutar de un ambiente educativo y social inclusivo y libre de discriminación
11. Tener diversidad de alternativas educativas tales como: aceleración académica, educación diferencia, compactación, agrupación, enriquecimiento del currículo y admisión temprana a la universidad, entre otras.
12. Conocer sobre su capacidad intelectual y sus implicaciones.
13. Ser apasionado en su área de interés sin tener que disculparse por ello.
14. Mostrar una identidad más allá de su área de potencial.
15. Sentirse bien y celebrar sus logros.
16. Cometer errores sin ser prejuiciado, discriminado, acosado o maltratado.
17. Buscar guía o ayuda para desarrollar sus talentos, habilidades y capacidades.
18. Decidir las áreas de talentos que quiere desarrollar.
19. Participar de actividades lectivas fuera del horario regular que propendan la atención afectiva a sus necesidades.
20. Tener diversas formas de expresar su potencial.
21. Recibir los acomodos recomendados.
22. Disponer de un equipo de trabajo que esté informado adecuadamente sobre sus necesidades.
23. Tener maestros debidamente capacitados para trabajar con su identificación, intervención, evaluación y que se interesen genuinamente en atender sus perfiles particulares, siendo guías y facilitadores del conocimiento.
24. Continuar sus estudios en escuela superior mientras toma cursos universitarios simultáneamente.
25. Obtener una convalidación de los cursos universitarios completados, de acuerdo a la reglamentación establecida.
26. Ser reconocido por sus logros académicos en las ceremonias de graduación. A estos fines las calificaciones obtenidas en cursos universitarios aprobados serán incluidas en el cálculo realizado al momento de otorgar los premios de graduación.
27. Ser aceptado por una institución universitaria sin ser discriminado por su edad una vez cumpla con los requisitos mínimos de admisión.
28. Utilizar distintas herramientas, incluyendo las tecnológicas, que contribuyan a su desarrollo académico, social y educativo.
29. Tener padres, madres o encargados capacitados en las características que poseen sus hijos dotados para aportar positiva y asertivamente en su proceso educativo y en las diversas áreas de desarrollo.
30. Disfrutar de un proceso de identificación multidireccional y multidimensional.
31. Beneficiarse de una comprensión, por parte de los profesionales, de la asincronía que puede manifestarse en los estudiantes dotados por su perfil particular.

Artículo 5.- Interpretación de la Ley.

Nada de lo dispuesto en esta Ley se entenderá como que excluye, coarta, limita, o afecta negativamente en forma alguna los derechos reconocidos en otras leyes estatales o federales. Todo lo dispuesto en la presente Ley se hará valer hasta donde las facilidades del Estado lo permitan.

Artículo 6.- Reglamentación.

El Departamento de Educación de Puerto Rico y las instituciones de educación básica privadas deberán atemperar sus reglamentos a las disposiciones de esta Ley. Asimismo, el Consejo y las instituciones postsecundarias del Estado deberán atemperar o crear reglamentación a tenor con lo dispuesto en esta Ley.

Artículo 7.- Separabilidad.

Si cualquier disposición de esta Ley fuera declarada inconstitucional o nula, por un Tribunal competente, la sentencia a tal efecto dictada no afectará, perjudicará ni invalidará el resto de esta Ley. El efecto de dicha sentencia quedará limitado al párrafo, inciso o artículo de la misma que así hubiese sido declarado inconstitucional.

Artículo 8.- Vigencia.

Esta Ley entrará en vigor inmediatamente después de que sea aprobada.

Explicación de cada derecho

Cada derecho ha sido diseñado para asegurar que los estudiantes dotados reciban el apoyo necesario para maximizar su potencial. Esta explicación busca proporcionar una comprensión clara y completa de los beneficios y protecciones otorgados a estos estudiantes bajo este marco legal. En términos generales estos derechos fundamentales se centran en lo siguiente:

1. **Derecho a una educación personalizada**: Este derecho garantiza que los estudiantes dotados reciban una educación adaptada a sus necesidades y capacidades individuales. Los programas educativos se diseñarán para desafiar y motivar a estos estudiantes, fomentando su desarrollo intelectual y personal.
2. **Derecho a recursos educativos adicionales**: Los estudiantes dotados tendrán acceso a materiales y recursos educativos adicionales, incluyendo libros avanzados, tecnología especializada y oportunidades de aprendizaje extracurricular. Estos recursos están destinados a enriquecer su experiencia educativa y proporcionarles herramientas para explorar sus intereses en profundidad.
3. **Derecho a la evaluación y seguimiento continuo**: Este derecho asegura que los estudiantes dotados sean evaluados de manera continua para monitorear su progreso y ajustar los programas educativos según sea necesario. Evaluaciones regulares y personalizadas permitirán identificar sus fortalezas y áreas de mejora.
4. **Derecho a un entorno educativo inclusivo y de apoyo**: Los estudiantes dotados tienen derecho a un entorno escolar que promueva la inclusión y el apoyo. Esto incluye la formación y sensibilización del personal educativo sobre las necesidades específicas de los estudiantes dotados y la creación de una cultura escolar que valore la diversidad de habilidades.
5. **Derecho a orientación y asesoramiento**: Los estudiantes dotados y sus familias tendrán acceso a servicios de orientación y asesoramiento para ayudarles a tomar decisiones informadas sobre su educación y desarrollo personal. Los consejeros estarán capacitados para abordar las necesidades únicas de estos estudiantes y proporcionar orientación sobre opciones académicas y profesionales.

6. **Derecho a participar en programas especiales y avanzados**: Este derecho permite a los estudiantes dotados participar en programas especiales, tales como clases avanzadas, talleres especializados, y programas de aceleración educativa. Estos programas están diseñados para ofrecer desafíos adicionales y oportunidades de aprendizaje avanzado.
7. **Derecho a la protección contra la discriminación**: Los estudiantes dotados tienen derecho a estar protegidos contra cualquier forma de discriminación o acoso basado en sus habilidades. Las escuelas deben implementar políticas y procedimientos para garantizar que estos estudiantes sean tratados con equidad y respeto.

Esta ley representa un compromiso significativo con la educación de los estudiantes dotados, asegurando que reciban el apoyo y las oportunidades necesarias para alcanzar su máximo potencial.

A continuación, se ofrece una explicación detallada de cada derecho aprobado en la ley 146-2018, proporcionando una comprensión clara y completa de los beneficios y protecciones otorgados a los estudiantes dotados bajo este marco legal.

1. **Ser educados de acuerdo con sus intereses y necesidades** - Queda demostrado que la enseñanza y los procesos tradicionales no benefician al estudiante dotado. Como características generales, estos estudiantes aprenden más rápido, necesitan menos repeticiones, piensan de forma divergente y son creativos. Esto hace que la metodología tradicional pueda ser lenta o aburrida para ellos. Uno de los grandes problemas de los sistemas educativos tradicionales es enfocarse en cubrir las necesidades básicas del estudiante, olvidándose de atender sus intereses.

    Por ejemplo, si un estudiante es bueno en matemáticas y regular en inglés, el enfoque tradicional sería buscarle un tutor en inglés para mejorar en esa área. Sin embargo, lo que realmente deberíamos hacer es buscar un tutor en matemáticas para continuar desarrollando su capacidad excepcional en esa disciplina. Al atender sus intereses, podemos conectar el área de necesidad de manera más efectiva, teniendo como foco principal el desarrollo integral del estudiante.

2. **Desarrollar sus propios intereses y talentos tanto en la escuela como en el hogar** - Los estudiantes dotados tienden a demostrar

habilidades excepcionales en áreas que no son, necesariamente, de interés de su familia; por ejemplo, la familia puede desear que su hijo sea abogado, ingeniero, médico, etc. Sin embargo, un estudiante dotado puede tener un gran interés por la protección del medio ambiente, la política partidista, el desarrollo social sostenible, entre otros. Esto puede crear un conflicto de ideas entre los miembros de la familia, la escuela y el estudiante.

Además, hay estudiantes con gran interés en desarrollarse en más de un área a la vez. Esto puede dar la impresión de que están indecisos sobre la carrera que desean seleccionar. En muchos casos, los estudiantes dotados muestran esta tendencia y pueden estar decididos a desarrollar dos carreras profesionales en paralelo. Esto lleva una complejidad adicional, ya que, primero, requiere un compromiso de los padres para apoyar la decisión del estudiante; y, segundo, puede darse el caso en que el estudiante necesite estar en dos universidades al mismo tiempo, lo que implica desafíos logísticos en cuanto a costos, horarios y transportación, entre otros.

3. **Ser retados con ideas nuevas que les interesen** - Es importante que el educador conozca los intereses y necesidades del estudiante. Debe buscar la manera de que el estudiante se sienta comprometido con su aprendizaje. Sabemos que, de no hacerlo, se pueden desarrollar pobres hábitos de trabajo y de estudio, lo que llevará a un estudiante dotado a trabajar por debajo de sus capacidades. Esto puede convertirlos en estudiantes de bajo rendimiento y bajo aprovechamiento académico, con un alto potencial de convertirse en desertores escolares, a pesar de su inteligencia.

    Permitir que el estudiante se rezague, no ofrecerle alternativas retadoras, y no proveerle servicios adecuados desde la escuela, no cumple con lo estipulado en la Constitución de Puerto Rico respecto al pleno desarrollo de su personalidad.

4. **Aprender cosas que pueden estar por encima de su nivel académico o grado** - ¿Qué sucede cuando tenemos un estudiante de 5 años en Kínder que ya sabe leer, escribir, analizar ideas y conceptos, sumar, restar, multiplicar, dividir, y conoce las formas y los colores, entre otras destrezas del grado? ¿Es justo retenerlo en el mismo nivel? ¿Es justo que tenga que esperar a que los demás aprendan para luego enseñarle algo nuevo? Entonces, es necesario hacer algo diferente. Durante el proceso escolar, es fundamental que

el estudiante esté aprendiendo de manera constante. Someter al estudiante a un proceso repetitivo no es justo para él.

5. **Aprender con mayor rapidez y a adentrarse en conceptos, temas y conocimientos diferentes, en lugar de estar repitiendo lo que ya saben** - Una de las características generales de los estudiantes dotados es que requieren menos repeticiones para entender la información y los conceptos, a diferencia de los estudiantes de corriente regular. Este proceso repetitivo para entender conceptos promueve el aburrimiento entre ellos, provocando que se distraigan con otras cosas o comiencen a realizar actividades que no están necesariamente relacionadas con las clases. Esto se convierte en un rezago académico permitido y ejecutado por la escuela.

    Las clases avanzadas y en niveles más complejos tienden a llenar ese vacío de información que los estudiantes dotados encuentran diariamente en sus clases. Este proceso avanzado satisface y compensa su interés en materias particulares que pueden ser de gran interés para ellos.

6. **Profundizar en temas de interés personal** - Algunos estudiantes dotados disfrutan ir más allá de lo que normalmente se ofrece en la escuela. Esta búsqueda de conocimiento adicional los estimula y les llena el vacío de información. El conocimiento adicional que adquieren de forma individual a menudo les permite exceder los requerimientos o límites establecidos en la escuela. Por ejemplo, si se les pide escribir o hablar sobre un tema en solo cinco oraciones, pueden escribir varios párrafos o incluso páginas. Cuando se les limita el tiempo, la cantidad o el espacio para producir, se les perjudica en su proceso creativo y productivo. Esto acostumbra al estudiante a producir menos de lo que es capaz. Al continuar con este tipo de estrategia, lo que se crea es un estudiante con bajo rendimiento.

7. **Pensar de forma diferente o sugerir ideas diferentes de hacer las cosas** - Los programas curriculares o de contenido cerrado obvian el proceso y pensamiento divergente. Muchos de ellos no permiten salirse de lo que está específicamente establecido. En escuelas donde hay varios grupos del mismo grado, se busca implementar un programa más riguroso para mantener controlada la cantidad de material que se ofrece a todos los grados, con el objetivo de cubrir el mismo contenido en los mismos días y grados. Esto implica que todos los grupos deben ir al mismo ritmo, asumiendo que todos los

estudiantes aprenden al mismo ritmo, a la misma velocidad, y que tienen las mismas necesidades e intereses respecto a los temas presentados.

Sin embargo, la realidad es que todos sabemos que los estudiantes aprenden y entienden de manera diferente. Si se les da la oportunidad de aportar al proceso educativo, al contenido y al material del curso, encontrarán mayor pertinencia y se sentirán más comprometidos con su aprendizaje.

8. **Ser Justo, Idealista, Sensitivo y Sensible** - Otra característica general de estos estudiantes es su alto nivel de sensibilidad y su sentido de justicia. Pueden ser tan intensos en sus planteamientos que pueden llevarlos a un nivel personal. Se motivan y promueven el sentido de justicia en todas las cosas. Se comprometen y, en ocasiones, se convierten en líderes, promoviendo movimientos en pro del ambiente, los animales, entre otros. Son estudiantes que pueden preocuparse por la equidad en los procesos para sus compañeros y para sí mismos, lo cual puede ir en contra de las reglas establecidas.

Por ejemplo, en una clase de ciencias físicas se está hablando de las ráfagas de calor que produce el Sol. Entonces, el estudiante comienza a preocuparse por los pingüinos (Clase de Biología). ¿Qué tiene que ver el Sol con los pingüinos? Bueno, las ráfagas pueden impactar la capa de ozono del planeta Tierra, lo que produce más calor y crea un impacto en el efecto invernadero. Las capas de hielo en el Polo Sur se derriten con mayor rapidez, y los pingüinos pierden su hábitat. Los estudiantes dotados pueden hacer relaciones y conexiones que otros no ven.

Sin embargo, su nivel de sensibilidad puede llevarlos a conclusiones erróneas, lo que podría hacer que se les perciba como inmaduros o no preparados para una alternativa avanzada o adelantada. Además, se preocupan por las injusticias y los problemas globales.

9. **Cuestionar las soluciones existentes y proponer soluciones nuevas** - Debido a su alto nivel de creatividad, los estudiantes dotados pueden encontrar diferentes formas de realizar una misma tarea. Pueden saltar pasos en procesos matemáticos al encontrarlos muy simples a la hora de resolverlos. Estos procesos alternos o mentales a menudo se penalizan porque el estudiante no realiza el proceso completo por escrito. En ocasiones, se les acusa de copiarse

de otros compañeros al ir directamente a la solución del problema. Tienden a cuestionar los procesos que encuentran ineficientes, a buscar justificaciones y a desafiar lo establecido. Son incomprendidos y se les clasifica como estudiantes oposicionales y desafiantes.

Cuando desean culminar una tarea en menos tiempo o tratan de responder rápidamente, se les identifica como impulsivos, intensos y ansiosos, lo que puede llevar a diagnósticos erróneos por parte de los profesionales que los atienden. Esto implica que las soluciones propuestas para trabajar con el supuesto problema también sean incorrectas. Debido a su alto nivel de cuestionamiento, a menudo se les envía a la oficina del director o al consejero escolar para abordar supuestas faltas de 'respeto' o 'problemas de conducta'.

10. **Ser persistentes** - Desde pequeños, estos niños demuestran interés en hacer cosas, investigar, deshacer para volver a hacer y buscar maneras de cumplir sus propósitos. Cuando se acostumbran a que todo sea fácil, tienden a creer que todo debería ser así. Por lo tanto, cuando se enfrentan a tareas complejas, suelen evitarlas. Es importante que comprendan que las tareas complejas pueden requerir más tiempo y nuevas formas creativas de abordar los problemas.

    La persistencia es una característica natural en esta población, pero puede verse afectada si no se estimula desde una edad temprana. Las restricciones de tiempo impuestas en la escuela para completar tareas a menudo limitan la persistencia, la creatividad y el pensamiento crítico. Es crucial para los estudiantes dotados invertir tiempo en fomentar el pensamiento creativo y crítico, especialmente en los grados primarios.

11. **Mostrar su humor, deseo de juego y pensar de manera compleja** - Algunos estudiantes poseen un sentido del humor muy sofisticado y avanzado. Hacen chistes y comentarios que solo ellos entienden. Estas bromas y chistes están compuestos por personas sumamente inteligentes con un ingenio poco común y una comprensión extraordinaria del lenguaje, además de una capacidad excepcional para jugar con las palabras. El sentido del humor, que va mucho más allá de su edad, y la habilidad avanzada para manipular y jugar con las palabras son características del niño dotado en el ámbito verbal.

    Esta habilidad no suele ser ampliamente reconocida en los estudiantes dotados, ya que tendemos a centrarnos en sus dones intelectuales y habilidades académicas avanzadas. La capacidad para crear bromas no es una de esas habilidades en las que nos enfocamos mientras nuestros niños superdotados están en la escuela. Para el estudiante dotado, el uso del sentido del humor es un juego de palabras, de máxima observación y mucha creatividad, que requiere una forma avanzada y compleja de pensar. Ven cada momento como una oportunidad para expresarse.

Este tipo de humor, diferente, sagaz y ocurrente, es a menudo mal entendido por los educadores, quienes frecuentemente lo interpretan como falta de respeto, sin comprender que es una característica natural de un estudiante dotado en el ámbito verbal. Aunque puede presentar desafíos en diversas situaciones escolares, cada día podemos disfrutar del humor y la creatividad desarrollada por estos niños. Restringir este proceso creativo único sería limitar su libertad de expresión y permitir que la represión opaque la alegría del niño y su esfuerzo por ser creativo.

12. **No ser castigado por estar en el programa dotado o haber sido acelerado**. - Algunas escuelas que ofrecen programas para estudiantes dotados se estructuran de tal manera que requieren que el estudiante complete tanto el trabajo de la clase regular como el de la clase para dotados, en nombre de la "imparcialidad" hacia los otros estudiantes. En casos de aceleración de grado, prácticamente se obliga al estudiante a cumplir con los requisitos de ambos grados simultáneamente, lo que crea una carga de trabajo excesiva para él.

Muchas escuelas y maestros imponen esta exigencia, incluso cuando el reglamento escolar o el programa no lo establece. Además, algunos estudiantes acelerados encuentran que sus maestros se resienten cuando avanzan de grado o adelantan cursos universitarios, y optan por expresar este resentimiento hacia el estudiante. Los sistemas de evaluación también deben considerar que si un estudiante está tomando un curso como "Historia de Puerto Rico" en un programa universitario mientras está en la escuela regular, debería considerarse su competencia para aprobar la misma clase si está en la escuela secundaria o intermedia. Resulta ilógico que, si domina el curso a nivel universitario, no pueda hacerlo a un nivel más bajo.

13. **Sobresalir en algunas áreas y a no ser dotado en todas las áreas** - Muchos de estos niños destacan al aprender a leer antes que otros de su edad, y luego se dan cuenta de que sobresalen en el aprendizaje de matemáticas, ciencias, deportes, tocar un instrumento, dibujar,

liderazgo, y mucho más. Como resultado, se espera que pronto puedan hacer todo bien (o al menos alguien a su alrededor lo espera). Esta expectativa puede ser una carga muy pesada para un niño. Es crucial proporcionarles su propio espacio y tiempo de descanso. Debemos ayudarles a entender que todos tenemos nuestras limitaciones y que no está mal tener áreas en las que necesitemos mejorar.

14. **Asistir a programas acelerados en escuela elemental, intermedia y superior, y también entrar temprano a estudiar en la Universidad** - Está completamente demostrado que las oportunidades de tomar cursos adelantados al grado enriquecen significativamente el desarrollo integral de los estudiantes dotados. Las investigaciones confirman que aquellos estudiantes que fueron acelerados se benefician tanto a nivel académico, social, emocional y psicológico a corto, mediano y largo plazo. Además, experimentan una gran satisfacción a nivel personal y profesional. Estas oportunidades pueden ofrecerse dentro de las unidades de un mismo sistema educativo o a través de la colaboración entre sistemas, siempre con el objetivo primordial de ayudar y desarrollar las potencialidades de los estudiantes.

15. **Conocer sobre su capacidad intelectual y sus implicaciones** - Los niños y jóvenes dotados suelen reconocer que hay algo "diferente" en ellos, aunque a menudo no pueden identificar exactamente qué es. Aprender sobre lo que significa ser dotado es siempre un proceso educativo poderoso y esclarecedor. Reconocer la propia dotación intelectual, que a veces conlleva una serie de retos, bendiciones y paradojas, y poder entenderlos con perspicacia y conocimiento, contribuye al desarrollo social y emocional de un individuo más equilibrado.

    Estos niños son únicos, y les estamos haciendo un mal servicio si les negamos la oportunidad de desarrollar una comprensión de cómo y por qué son diferentes.

16. **Aprender algo nuevo cada día** - A menudo, los niños dotados se encuentran en situaciones de aprendizaje donde el contenido y el ritmo están significativamente por debajo de su nivel de conocimientos. Para ellos, este entorno puede resultar tedioso y repetitivo. Algunos simplemente pasan por los movimientos, mientras que otros reaccionan de diversas maneras. La escuela debe adaptarse al ritmo de aprendizaje de cada estudiante. Cuando un niño

no aprende porque el contenido es demasiado básico o el ritmo es demasiado lento, debemos realizar ajustes para asegurarnos de que tenga la oportunidad de aprender al nivel adecuado de preparación.

Por otro lado, esperar que el niño se ajuste o forzarlo a ralentizarse cuando el contenido no es lo suficientemente complejo o el ritmo no es lo bastante rápido es como pedirle que retroceda a gatear cuando ya está corriendo. Esta dicotomía debe ser eliminada. Un niño dotado tiene tanto derecho a aprender como cualquier otro estudiante. Aunque puede ser un desafío alcanzar su nivel, no hacerlo sería éticamente incorrecto.

17. **Ser apasionado en su área de talento sin tener que disculparse por ello** - Los niños dotados suelen ser muy apasionados por sus talentos y áreas de interés. Comen, respiran, beben, sueñan y viven lo que aman. Sin embargo, aquellos que los rodean (padres, compañeros de edad, maestros) no siempre comprenden cómo un niño puede preferir pasar un día soleado en casa leyendo sobre el mundo bacteriano o el origen de las especies. Para un niño dotado que tiene esas pasiones, es una experiencia única y enriquecedora. Los padres y maestros no tienen que compartir necesariamente esos intereses particulares, pero es crucial que entiendan y respeten la intensidad del interés del niño. Criticarlos diciendo que están "demasiado metidos en eso" o que solo están interesados en temas "extraños" o "demasiado entusiasmados con ese nuevo libro" solo consigue alejarlos. Nuestra sociedad no debería obstaculizar el camino de estos niños.

18. **Tener una identidad más allá de su área de talento** - "¡Es un genio de la ciencia!" - "¡Publicó un libro a los 14 años!" - "¡Saltó dos grados!" Estas son trampas fáciles en las que caemos al hablar de sus capacidades intelectuales, talentos y logros. Pero son mucho más que eso; son seres humanos en toda su gloria: con fortalezas y debilidades, complejidades emocionales y una diversidad preciosa como cualquier niño. Reducirlos a un solo talento o logro es ignorar todo lo demás que son, despreciar su humanidad, pasar por alto sus debilidades y otras fortalezas, y olvidar que siguen siendo niños en desarrollo, formando su identidad. Ayudémoslos a descubrir todas sus facetas, viéndolos por quienes son en su totalidad, no solo por lo que pueden hacer.

19. **Sentirse bien y celebrar por sus logros** - Estos niños están navegando un equilibrio delicado: ser humildes sobre sus

capacidades y logros, mientras también se sienten orgullosos de lo que pueden hacer y han hecho. Si se inclinan demasiado hacia la modestia, pueden perder de vista su talento o las oportunidades para perseguirlo. Por otro lado, si se inclinan demasiado hacia el orgullo, pueden exhibir arrogancia y olvidar que todos tienen talentos y debilidades. Algunos de mis estudiantes mencionaron sentir la necesidad de calificar cada éxito con un "bien, pero...". Por ejemplo, "bien, pero cometí un error en la última página" o "bien, pero no encajó bien" o "bien, pero no supe cómo responder la tercera pregunta". La humildad es importante, pero también lo es permitirles disfrutar del sentimiento de logro. Es ese sentimiento el que los impulsa hacia adelante. Si les negamos el acceso a esa experiencia, también podríamos estar limitando su motivación para perseguir lo que podrían lograr.

20. **Cometer errores sin ser prejuiciado, discriminado, acosado o maltratado** - Muchas personas tienen la creencia de que los niños dotados son perfectos y obtienen el 100% en todo. A menudo, los comentarios de maestros, padres y compañeros contribuyen a esta percepción. Por ejemplo, un estudiante que comete un error ortográfico puede escuchar: "¿Con lo inteligente que eres, no sabes deletrear esa palabra? ¿No eres el mejor en ortografía?" Los niños que han sido acelerados en Matemáticas mencionaron que otros esperan y creen que saben todo sobre la materia. Sin embargo, estos niños saben que no son perfectos. Reconocen que los errores son parte del proceso de aprendizaje y que aprender significa aceptar los errores que surgen en el camino. El mensaje que a menudo reciben de los demás es una expectativa de perfección, lo cual puede ser una carga pesada para aquellos que ya luchan con el perfeccionismo.

Podemos ayudarlos a desarrollar una perspectiva más saludable al enviar mensajes positivos diferentes. Es importante que, en ocasiones, públicamente, aceptemos nuestros propios errores. De esta manera, demostramos que cometer errores es natural y parte del aprendizaje. Podemos mantener expectativas altas para el aprendizaje sin exigir perfección absoluta.

21. **Buscar guía o ayuda para desarrollar su talento** - Debido a que muchos de estos niños aprenden tan bien por sí mismos, especialmente en los primeros años, pueden acostumbrarse a no necesitar a alguien más para ayudarlos. Algunos incluso desarrollan la creencia de que siempre son capaces de hacerlo todo por su cuenta. Sin embargo, los atletas olímpicos no alcanzan su alto nivel

de rendimiento sin entrenar. Ellos buscan a los mejores entrenadores que puedan ayudarlos a convertirse en excelentes competidores. ¿Hacia dónde quieren llegar estos niños dotados? ¿Quién puede ayudarles a aprender lo necesario para alcanzar sus metas?

Una relación de tutoría puede ser un evento transformador en la vida de un niño dotado, llevándolos a alcanzar alturas que de otra manera no hubieran alcanzado. Cualquier persona a lo largo de la historia que ha logrado algo digno de mención tuvo orientación en algún momento del camino. Necesitamos fomentar que estos niños se sientan cómodos levantando la mano para buscar ayuda y orientación cuando la necesiten.

22. **Tener varios grupos de pares y amigos sin establecer límites por edad** - Los niños dotados eligen amigos por intereses comunes, no por años de nacimiento comunes. Por ejemplo, un niño de seis años con conocimientos y vocabulario propios de un estudiante de cuarto grado, y habilidades de lectura y análisis correspondientes al nivel de tercer grado, prefiere compartir con niños que comparten sus mismos intereses en lugar de aquellos de su grupo de edad en primer grado, donde no encuentra compañeros con sus mismas habilidades. A veces, al no encontrar pares en su salón de clases, pueden aislarse y optar por no interactuar con sus compañeros de la misma edad, quienes no comprenden su nivel de razonamiento ni poseen las mismas habilidades y vocabulario.

En primer grado, estos niños no reciben el desafío académico que necesitan ni encuentran el nivel social adecuado. A menudo se les etiqueta erróneamente como antisociales o incapaces de relacionarse con los demás. Los estudiantes dotados requieren desafíos académicos y sociales que les ayuden a mejorar su desarrollo socioemocional. La falta de un entorno adecuado de desarrollo puede ocasionar problemas conductuales, comúnmente asociados con déficit de atención, dificultades de aprendizaje específicas, trastornos de ansiedad, y comportamiento oposicional y desafiante, entre otros.

23. **Decidir cuáles áreas de talentos quiere desarrollar** - El término "multipotencialidad" se aplica frecuentemente a los niños dotados, quienes típicamente destacan en múltiples áreas. Sin embargo, esto no implica que tengan la obligación de perseguir y desarrollar todas esas áreas hasta su máxima extensión. Pueden tener capacidades en áreas que eligen no desarrollar completamente.

Por ejemplo, un niño podría tener el potencial para convertirse en un científico galardonado con el Premio Nobel, pero decide seguir sus fortalezas en Derecho y competir por un puesto en la Corte Suprema. Esa es su prerrogativa. Aunque mamá y papá podrían desear que su hijo se convierta en médico, dado su buen desempeño en las clases de ciencias, el hijo podría preferir convertirse en maestro de tercer grado y compartir su pasión por la ciencia con cientos de niños. Ambas opciones pueden ser igualmente válidas, pero es la elección personal del individuo la que debe ser respetada y apoyada.

24. **No ser perseguido o acosado de ninguna forma** - Cuando un estudiante dotado demuestra sus habilidades, la falta de reconocimiento y la presencia de retos inadecuados pueden convertirse en causas de maltrato y acoso, a veces incluso provocados por los propios maestros. Un simple gesto, una palabra o una acción, a menudo ingenuos, pueden desencadenar una reacción negativa hacia el estudiante dotado. Algunos de ellos han optado por no sacar calificaciones perfectas en los exámenes debido a las burlas recibidas por parte de sus compañeros en clase. Otros han decidido reducir su rendimiento académico o dejar de hacer sus tareas con tal de ser aceptados por el grupo. También se han dado casos donde el grupo o algunos compañeros exigen al estudiante comportamientos que él no desea adoptar para poder ser aceptado.

25. **No tener que demostrar o probar a todos su capacidad intelectual** - Para muchos estudiantes dotados, resulta incómodo tener que estar constantemente probando o demostrando sus habilidades frente a cuestionamientos de la escuela. Comentarios como "A mí no me parece que sea dotado", "Me lo tiene que demostrar" o "Vamos a ver cómo le va en esta prueba" demuestran una falta de conocimiento y comprensión. Es importante mencionar que algunos estudiantes que tienen un rendimiento académico bajo en la escuela, e incluso están en riesgo de fracasar en la escuela secundaria, han obtenido resultados más altos que sus compañeros en pruebas estandarizadas como el SAT y el College Board.

En estos casos, se genera una incredulidad extrema al comentar "No lo creo" o "No puedo creer que haya sacado la puntuación más alta". Además, existen situaciones en las que estudiantes de 2, 3, 4 o 5 años tienen la capacidad de ingresar al primer o segundo grado, con recomendación profesional de un psicólogo, aprobación de los padres y conforme a una ley que lo permite, pero se les niega la oportunidad de avanzar de grado.

26. **A que se respeten y se implementen los acomodos recomendados** - En ocasiones, cuando se identifica a un estudiante como dotado, esto conlleva una serie de recomendaciones que deben ser implementadas tanto por la familia como por la escuela. Sin embargo, a menudo hay resistencia para llevarlas a cabo, especialmente cuando se trata de alternativas de aceleración. La investigación en el campo de la dotación intelectual y la experiencia del Instituto de Investigación y Desarrollo (IIDED) en Puerto Rico han demostrado la efectividad de estas alternativas para algunos estudiantes dotados. Estudios como "A Nation Deceived, 2004" y "A Nation Empowered, 2014" son trabajos de investigación ampliamente reconocidos a nivel mundial que recomiendan la aceleración como una opción válida.

    Resulta interesante observar que en ocasiones son los padres quienes se oponen a la implementación de estas medidas, debido a la falta de conocimiento y capacitación al respecto. Los estudios del IIDED también respaldan la efectividad de la aceleración en casos específicos. Es importante reconocer que si bien la escuela puede ofrecer otras alternativas para atender los intereses y necesidades del estudiante dotado, estas deben estar respaldadas por un proceso documentado y ordenado que refleje el progreso continuo del estudiante dentro del entorno escolar.

    Este proceso debe ser monitoreado de manera constante por la escuela, la familia y el equipo de trabajo seleccionado, con el fin de identificar y aplicar las mejores opciones para el estudiante.

27. **Tener un consejero que esté bien informado sobre sus necesidades.** - El consejero escolar debe estar familiarizado con las razones para evaluar a los estudiantes fuera de su nivel académico por edad, así como las causas de conflicto tanto con otros como consigo mismos, entre otros factores. Los estudiantes dotados tienen necesidades de asesoramiento que son distintas de las de la población en general. Un consejero sin la preparación adecuada podría resultar en años de educación inadecuada, pérdida de oportunidades, dolor emocional y más.

    Se requiere más que un simple capítulo en un libro para que los consejeros escolares empiecen a comprender completamente las características y necesidades específicas de los estudiantes dotados.

28. **Tener maestros que no se vean amenazados por su inteligencia.** - Los estudiantes dotados a menudo plantean preguntas que, en muchos casos, los maestros no están preparados para responder. Algunos estudiantes dotados poseen un conocimiento específico y detallado en ciertas materias que puede superar el nivel de conocimiento de sus maestros. Esto a veces lleva a que los maestros estén atentos a los errores de los estudiantes dotados para criticarlos o desquitarse.

    Los maestros que celebran y exponen los errores de sus estudiantes dotados, o que toleran este comportamiento de otros maestros o estudiantes, necesitan ser reevaluados. No hay lugar para el resentimiento o el maltrato hacia los niños dotados por parte de aquellos cuya responsabilidad es educarlos y apoyarlos.

29. **Tener padres, madres o encargados capacitados en las características que poseen sus hijos dotados, para aportar positiva y asertivamente en su proceso educativo y en las diversas áreas de desarrollo.** - Para los estudiantes dotados, los padres o encargados desempeñan un papel fundamental como la principal fuente de apoyo. El éxito de estos estudiantes está estrechamente ligado a la motivación que los padres pueden brindarles. Por tanto, la preparación de los padres es esencial. No solo deben estar dispuestos a respaldar los intereses que sus hijos presenten, sino también contar con el conocimiento necesario para abogar por ellos en situaciones de injusticia.

    Los padres no solo actúan como facilitadores del desarrollo académico y personal de sus hijos dotados, sino también como defensores de sus derechos. Esto implica estar informados sobre las políticas educativas, las opciones disponibles para atender las necesidades específicas de sus hijos, y ser capaces de intervenir en casos donde puedan surgir problemas como la discriminación o la falta de adecuación de los programas educativos.

    La preparación de los padres incluye estar al tanto de las leyes y regulaciones que protegen a los estudiantes dotados, así como participar activamente en el proceso educativo de sus hijos para asegurar que reciben las oportunidades y el apoyo necesarios para alcanzar su máximo potencial.

30. **Disfrutar de un proceso de identificación multidireccional y multidimensional.** - Aunque una de las herramientas clave para la

identificación es la evaluación psicológica de tipo psicométrico, no debería ser el único criterio. Existen otros instrumentos de evaluación igualmente importantes que pueden contribuir a comprender mejor no solo el potencial cognitivo, sino también los aspectos sociales, emocionales, el desarrollo motor y las áreas académicas. Estos elementos en conjunto permiten obtener un perfil más completo para realizar recomendaciones adecuadas.

31. **Beneficiarse de una comprensión, por parte de los profesionales, de la asincronía que puede manifestarse en los estudiantes dotados por su perfil particular.** - Sería más fácil manejarlos si tuvieran solo una edad. Sin embargo, debido a su naturaleza, los estudiantes dotados pueden tener múltiples edades internas. Está la edad cronológica, pero también la edad social, emocional, cognitiva, entre otras. Reconocer esta diversidad de edades nos permite abordar cada una de ellas de manera integrada. Cada estudiante dotado contiene dentro de sí múltiples edades, y es crucial trabajar con todas ellas de manera coordinada.

32. **Los estudiantes dotados que reciben educación en modalidad "Home Schooling"' podrán participar en internados, campamentos de veranos, becas y cualquier otra actividad que se reserva para estudiantes matriculados en instituciones estudiantiles o colegios, como parte de los derechos de éstos a los servicios educativos dirigidos a atender los intereses y necesidades de la población de estudiantes dotados.**

    Este nuevo derecho fue otorgado mediante la aprobación de la Ley 66-2024 del Gobierno de Puerto Rico, la cual se presenta a continuación:

Estudiantes Dotados: Educación Especial en el otro lado de la curva – 2024

Ley 66-2024 – Enmienda a Carta de Derechos del Estudiante Dotado

Para añadir un inciso 32 al Artículo 4 de la Ley 146-2018, conocida como "Carta de Derechos del Estudiante Dotado de Puerto Rico", a los fines de establecer que los estudiantes dotados que reciben educación en modalidad "Home Schooling" podrán participar en internados, campamentos de veranos, becas y cualquier otra actividad que se reserva para estudiantes matriculados en instituciones estudiantiles o colegios, como parte de los derechos de estos a los servicios educativos dirigidos a atender los intereses y necesidades de la población de estudiantes dotados.

EXPOSICIÓN DE MOTIVOS

La Exposición de Motivos de la Ley 146-2018, conocida como "Carta de Derechos del Estudiante Dotado de Puerto Rico", hace referencia a la Constitución del Estado Libre Asociado de Puerto Rico, en su Sección 1 de su Artículo II, la cual dispone que, "todos los seres humanos son iguales ante la ley". Además, reafirma que, el reconocimiento de igualdad para todos los seres humanos impone al Gobierno el compromiso de crear las circunstancias particulares que propendan una mejor calidad de vida de los puertorriqueños. Esta responsabilidad se resalta en la educación del pueblo, ya que, según la Constitución del Estado Libre Asociado de Puerto Rico, toda persona tiene el derecho a una educación "...que propenda al pleno desarrollo de su personalidad...". Tomando en consideración que el desarrollo de la personalidad de cada ser humano se fomenta de manera única, las necesidades de cada estudiante se tienen que atender de acuerdo con su propia individualidad.

De igual forma destaca que debe ser política pública en Puerto Rico que cada estudiante pueda desarrollar al máximo su potencial. La educación en Puerto Rico tiene 2 divisiones, la educación regular y la educación especial. Los programas de educación especial fomentan el desarrollo óptimo de la personalidad y las habilidades intelectuales de los estudiantes con necesidades especiales, ofreciéndoles preparación académica, social y moral,

Asimismo, enfatiza que el sistema de educación tiene que tomar en consideración la diversidad de los estudiantes y tratarlos a todos con equidad y justicia. En este contexto equidad implica brindarle a cada estudiante las herramientas necesarias para desarrollar al máximo sus capacidades y potenciales individuales.

El proceso educativo tiene que adaptarse y responder a las necesidades particulares de los estudiantes dotados. El no proveer las alternativas educativas necesarias al estudiante dotado propicia que este pierda interés en la escuela. En ocasiones esto provoca que se identifique de forma incorrecta al estudiante dotado, como un estudiante que sufre de déficit de atención o trastorno oposicional desafiante, entre otros. Desatender las necesidades de un niño dotado provoca que se limite su alto potencial intelectual y aumenta sus probabilidades para convertirse en un desertor escolar.

A pesar de todos los esfuerzos realizados para la creación de la Carta de Derechos de los Estudiantes Dotados, la cual tuvo como intención enumerar los derechos y libertades que se estiman esenciales y fundamentales para todos los seres humanos, con la finalidad de protegerlos y defenderlos contra cualquier tipo de amenaza o discrimen, al presente un sinnúmero de estudiantes dotados que reciben su educación en modalidad "Home Schooling" no tienen la oportunidad de participar en internados, campamentos de veranos, becas y otras actividades en las cuales solamente se permite participar a estudiantes matriculados en instituciones educativas o colegios.

Por todo lo cual, es meritorio que esta Asamblea Legislativa amplie los derechos de los estudiantes dotados que reciben educación en modalidad "1-10111e Schooling'" para que puedan participar en internados, campamentos de veranos, becas y cualquier otra actividad que se reserva para estudiantes matriculados en instituciones estudiantiles o colegios, como parte de los derechos de estos a los servicios educativos dirigidos a atender los intereses y necesidades de la población de estudiantes dotados.

DECRÉTASE POR LA ASAMBLEA LEGISLATIVA DE PUERTO RICO:

Sección 1.- Se enmienda el Artículo 4 de la Ley 146-2018, conocida como "Carta de Derechos del Estudiante Dotado de Puerto Rico", para que lea como sigue:

" Artículo 4. - Derechos Generales de los Estudiantes Dotados. Los estudiantes dotados tienen derecho a:

32. Los estudiantes dotados que reciben educación en modalidad "Home Schooling"' podrán participar en internados, campamentos de veranos, becas y cualquier otra actividad que se reserva para estudiantes matriculados en instituciones estudiantiles o colegios, como parte de los derechos de estos a los servicios educativos dirigidos a atender los intereses y necesidades de la población de estudiantes dotados."

Sección 2.- Si cualquier cláusula, párrafo, artículo o parte de esta Ley fuere declarada inconstitucional o defectuosa por un tribunal con jurisdicción, la sentencia dictada no afectará, ni invalidará el resto de esta Ley y su efecto se limitará a la cláusula, párrafo, sección o parte declarada inconstitucional.

Sección 3,- Esta Ley comenzará a regir inmediatamente después de su aprobación.

Ley 217-2018 – Programa de Internado

Programa de Internado para Estudiantes Dotados

La ley aprobada en 2018 representaba un avance significativo para la educación de los estudiantes dotados en Puerto Rico. Esta legislación, diseñada para mejorar y expandir los programas y servicios destinados a estos estudiantes, generó grandes expectativas. Se esperaba que una vez aprobada, entrara en vigor en el verano de 2019, marcando el comienzo de una nueva era de apoyo y recursos para los estudiantes con altas capacidades.

Sin embargo, la puesta en marcha de la ley se vio abruptamente interrumpida por un período de tumulto político sin precedentes en la historia reciente de Puerto Rico. En julio de 2019, el gobernador Dr. Ricardo Rosselló enfrentó una serie de protestas masivas que culminaron con su renuncia. Este evento desencadenó una crisis gubernamental que paralizó gran parte del funcionamiento del estado, incluyendo la implementación de nuevas políticas y leyes. La inestabilidad política fue una de las principales razones por las cuales la ley aprobada en 2018 no pudo ponerse en marcha según lo previsto.

A medida que Puerto Rico intentaba recuperar la estabilidad política, la isla fue golpeada por una serie de desastres naturales que complicaron aún más la situación. En enero de 2020, una serie de terremotos sacudieron el sur de la isla, causando daños significativos a la infraestructura y creando un ambiente de incertidumbre y emergencia. La recuperación de estos sismos desvió recursos y atención, afectando la capacidad del gobierno para centrarse en la implementación de nuevas leyes.

Además, los huracanes, que ya habían causado estragos en años anteriores, continuaron siendo una amenaza constante. La devastación dejada por estos eventos naturales siguió demandando una gran cantidad de recursos y esfuerzos de recuperación, dificultando la capacidad del gobierno para avanzar en otras áreas, incluida la educación.

Como si los desafíos políticos y naturales no fueran suficientes, la pandemia de COVID-19 emergió a principios de 2020 como una crisis global que afectó todos los aspectos de la vida en Puerto Rico. La pandemia obligó a cerrar escuelas, implementar medidas de distanciamiento social y redirigir recursos para enfrentar la emergencia sanitaria. La educación en general, y más específicamente los programas para estudiantes dotados, se vieron gravemente afectados por las restricciones y la necesidad de adaptarse a nuevas formas de enseñanza a distancia.

A pesar de los numerosos obstáculos que han impedido la implementación de la ley aprobada en 2018, es crucial no perder de vista su importancia y el impacto positivo que puede tener en la educación de los estudiantes dotados en Puerto Rico. La resiliencia y la capacidad de adaptación de la comunidad educativa, junto con un renovado compromiso por parte del gobierno y otras partes interesadas, son esenciales para superar estos desafíos.

Es imperativo que, una vez superadas las crisis actuales, se retome el enfoque en la implementación de esta ley. La educación de los estudiantes dotados no puede seguir siendo postergada. Un compromiso genuino y un esfuerzo concertado son necesarios para asegurar que estos estudiantes reciban el apoyo y los recursos que necesitan para alcanzar su máximo potencial.

Ley Núm. 217 del año 2018

(P. del S. 743); 2018, ley 217 - (Conferencia)
 Ley del Programa de Internado para Estudiantes Dotados en las Ramas Ejecutiva y Legislativa de Puerto Rico.

LEY NÚM. 217 DE 12 DE AGOSTO DE 2018

Para establecer el "Programa de Internado para Estudiantes Dotados en las Ramas Ejecutivas y Legislativas del Gobierno de Puerto Rico"; crear una Comisión que tendrá a su cargo la organización y funcionamiento del Programa; y para otros fines relacionados.

EXPOSICIÓN DE MOTIVOS

Los estudiantes dotados tienen la capacidad de aprender y adquirir conocimiento de una forma más avanzada. Por tanto, requieren una educación especializada que le presente retos académicos, para así satisfacer su deseo de estudiar y aprender.

Reconocemos la importancia de cumplir con los estándares académicos que estos estudiantes, al igual que todos los estudiantes de nuestro sistema público de educación, requieren. Los estudiantes dotados tienden a enfocarse en conceptos e ideas abstractas, con el objetivo de buscar el por qué a todo. Además, por su alto nivel de aptitud y comprensión, tienden a aprender a un paso mucho más acelerado. Estas características representan un reto para nuestro sistema educativo, ya que para cumplir con las expectativas académicas de los estudiantes dotados y fomentar el desarrollo de su capacidad, necesitan recibir un constante flujo de información e ideas nuevas. Por tal motivo, resulta imprescindible revisar las normas y estándares educativos que rigen el proceso de enseñanza-aprendizaje de los estudiantes dotados para proveerles un aprovechamiento académico óptimo y beneficioso.

Generalmente, los estudiantes dotados poseen capacidades cognitivas que exceden los estándares promedio; éstos tienen más probabilidades de desarrollarse si participan de programas, actividades y currículos que sean diseñados para atender sus necesidades particulares. La Asamblea Legislativa de Puerto Rico reconoce el interés que ciertos estudiantes dotados tienen en los trabajos del Gobierno de Puerto Rico y su iniciativa en aprender cómo funcionan sus diferentes ramas e instituciones. De igual forma, ellos pueden contribuir con sus capacidades y destrezas al bienestar y desarrollo de nuestra Isla.

Por lo antes expuesto, esta Asamblea Legislativa promueve la creación de un Programa de Internado para Estudiantes Dotados, con el fin de estimular su interés en los procesos y trabajos del Gobierno, y para proveerles una oportunidad de aprendizaje acorde con su capacidad cognitiva.

DECRÉTASE POR LA ASAMBLEA LEGISLATIVA DE PUERTO RICO:

Artículo 1.- Creación del Programa.
Se establecerá el "Programa de Internado para Estudiantes Dotados en las Ramas Ejecutiva y Legislativa de Puerto Rico". El mismo será dirigido por una Comisión cuyas labores se estipulan más adelante.

Artículo 2.- Definiciones.
Estudiante dotado: El niño o joven con un cociente intelectual igual o mayor de 130, que posee una capacidad social y cognitiva excepcional, por encima de sus edad cronológica y superior a la de otros de su misma edad, experiencia o ambiente, y que exhibe y demuestra, mediante evaluaciones psicológicas y educativas realizadas por profesionales certificados por el Estado, alta capacidad intelectual, creativa, artística o de liderazgo, o en una o más áreas académicas específicas.

Artículo 3.- Política Pública.
Será la Política Pública del Gobierno de Puerto Rico, proveer oportunidades y experiencias de aprendizaje a estudiantes dotados, con el fin de estimular su interés en los procesos y trabajos del Gobierno mediante un programa de internado en la Rama Ejecutiva y Legislativa del Gobierno de Puerto Rico.

Artículo 4.- Comisión.

La Comisión adscrita al Departamento de Educación, estará integrada por el Presidente del Senado, el Presidente de la Cámara de Representantes, el Secretario de Educación, el Secretario del Trabajo y Recursos Humanos y un representante de los padres de estudiantes dotados de nivel elemental. Este último representante será designado por el Gobernador, con el consejo y consentimiento del Senado. La Comisión escogerá un presidente, por mayoría, entre sus miembros. Cualquier miembro de la Comisión podrá designar a cualquier otro integrante de su Departamento, Cuerpo Legislativo, Rama o grupo como su sustituto, si dicho miembro lo necesitara.

Artículo 5.- Reglamentación.

La Comisión promulgará la reglamentación necesaria para disponer los procedimientos y normas para el funcionamiento del Programa. El reglamento deberá incluir:

1. Los requisitos de horas de trabajo;
2. Protocolo general del Programa;
3. Código de conducta de los internos;
4. Autorización del padre o madre, custodio o tutor legal para participar del Programa; y
5. Cualquier otro requisito o disposición adicional que el Comité entienda necesario para la operación y funcionamiento del Programa.

Artículo 6.- Agencias Participantes de la Rama Ejecutiva y Legislativa del Gobierno de Puerto Rico.

Toda agencia de la Rama Ejecutiva participará del Programa. La Comisión determinará, conforme a las habilidades e intereses del participante, dónde será asignado para realizar el internado.

De igual forma, la Asamblea Legislativa, entiéndase el Senado y la Cámara de Representantes de Puerto Rico o sus dependencias, participarán del "Programa de Estudiantes Dotados de Puerto Rico".

Artículo 7.- Requisitos de Participación.

Los estudiantes que deseen participar tendrán que cumplir con los siguientes requisitos:

(i) Ser estudiante de nivel superior o sub-graduado a nivel universitario;

(ii) Pertenecer a cualquier institución educativa privada acreditada, escuelas públicas en Puerto Rico o educación en el hogar;

(iii) Estar registrado en el Instituto de Investigación y Desarrollo para Estudiantes Dotados (IIDED); en el Departamento de Educación; o estar evaluado por un Profesional certificado por el Estado.

(iv) Cualquier otro requisito que la Comisión establezca.

Artículo 8.- Selección de Candidatos.
La Comisión estará a cargo de seleccionar hasta veinte (20) estudiantes para formar parte del Programa, conforme a los resultados de las entrevistas realizadas por sus miembros y el cumplimiento con los requisitos de participación.

Artículo 9.- Separabilidad.
Si cualquier disposición de esta Ley fuera declarada inconstitucional o nula, por un Tribunal competente, la sentencia a tal efecto dictada no afectará, perjudicará ni invalidará el resto de esta Ley. El efecto de dicha sentencia quedará limitado al párrafo, inciso o artículo de la misma que así hubiese sido declarado inconstitucional.

Artículo 10.- Vigencia.
Esta Ley comenzará a regir inmediatamente después de su aprobación.

Conclusión

La trayectoria legislativa en torno a la educación de estudiantes dotados en Puerto Rico ha sido un testimonio de la creciente conciencia y compromiso hacia una educación inclusiva y equitativa. Desde las primeras leyes aprobadas en 2012, que establecieron un marco inicial para el reconocimiento y apoyo a estos estudiantes, hasta la más reciente Ley 85-2018, la intención legislativa ha sido clara: proporcionar un entorno educativo que reconozca y potencie las capacidades excepcionales de los estudiantes dotados.

No obstante, la implementación efectiva de estas leyes ha enfrentado múltiples desafíos. La inestabilidad política, desastres naturales como terremotos y huracanes, y la pandemia de COVID-19 han dificultado la puesta en marcha de algunas de estas disposiciones legales. Estos eventos subrayan la importancia de un compromiso sostenido y la necesidad de resiliencia en el sistema educativo para adaptarse a circunstancias adversas.

En este contexto, el papel del **Instituto de Investigación y Desarrollo para Estudiantes Dotados** (IIDED) ha sido crucial. Durante todos estos años, el Instituto ha dedicado sus esfuerzos al servicio de esta población estudiantil y sus familias, colaborando estrechamente con el Departamento de Educación. Su trabajo ha sido fundamental para evitar posibles pleitos de clase, como los que se han visto en casos de educación especial, asegurando que las necesidades de los estudiantes dotados sean atendidas sin recurrir a litigios prolongados y costosos.

El Instituto ha desempeñado un papel mediador y colaborativo, proporcionando investigación, desarrollo de programas y apoyo directo tanto a estudiantes como a educadores. Esta colaboración ha sido vital para la creación de políticas informadas y efectivas, así como para la implementación práctica de las leyes existentes. Además, ha ayudado a sensibilizar y formar a la comunidad educativa sobre la importancia de reconocer y atender las necesidades específicas de los estudiantes dotados.

La experiencia del Instituto destaca la importancia de las alianzas y la colaboración entre entidades públicas y privadas para avanzar en la educación de los estudiantes dotados. A través de su trabajo, se ha demostrado que un enfoque cooperativo puede prevenir conflictos legales y asegurar que los recursos se dirijan hacia el desarrollo y bienestar de los estudiantes.

Mientras que la legislación en Puerto Rico ha avanzado significativamente en el reconocimiento y apoyo a los estudiantes dotados, su implementación efectiva requiere un esfuerzo continuo y colaborativo. El IIDED ha sido un pilar fundamental en este proceso, trabajando incansablemente para garantizar que las leyes se traduzcan en acciones concretas y efectivas, beneficiando directamente a los estudiantes y sus familias. Su colaboración con el Departamento de Educación ha evitado conflictos legales y ha promovido un enfoque proactivo y positivo en la educación de los estudiantes dotados, marcando un camino a seguir para futuras iniciativas y políticas educativas.

Aspectos familiares y el Desarrollo Socioemocional

Desarrollo de los Niños con Altas Capacidades Intelectuales

Criar a un niño con altas capacidades intelectuales puede ser tanto un privilegio como un desafío, ya que estos niños suelen presentar un desarrollo cognitivo significativamente avanzado que requiere una atención y un enfoque especializado para asegurar su crecimiento integral. Para apoyar su desarrollo pleno, es crucial adoptar un enfoque holístico que contemple tanto sus necesidades intelectuales como emocionales y sociales.

Primero, la identificación temprana es fundamental; una evaluación psicoeducativa puede ayudar a reconocer sus capacidades excepcionales y orientar el diseño de un plan educativo personalizado. En términos académicos, estos niños se benefician de un currículo enriquecido y diferenciado que no solo les proporcione estímulos adecuados a su nivel de inteligencia, sino que también les permita explorar sus intereses y potenciales a través de actividades y proyectos desafiantes.

Implementar estrategias de enseñanza como el aprendizaje basado en proyectos o la agrupación por habilidades puede ofrecerles la oportunidad de interactuar con pares de igual capacidad, facilitando un ambiente de aprendizaje más estimulante. Además, es vital atender su desarrollo emocional y social, ya que estos niños pueden experimentar una sensación de aislamiento debido a su diferencia con los compañeros de su edad.

Promover una educación emocional efectiva y crear oportunidades para la socialización con otros niños de habilidades similares puede ayudar a mitigar estos desafíos. También es importante proporcionarles apoyo emocional continuo, fomentar su autoestima y habilidades de resolución de problemas, y ofrecerles oportunidades para desarrollar habilidades sociales y de liderazgo.

Criar a un niño con altas capacidades intelectuales requiere un enfoque equilibrado que combine estimulación académica con un sólido apoyo emocional y social, asegurando así un desarrollo armonioso y satisfactorio en todos los aspectos de su vida.

1. Identificación Temprana

- **Observación Atenta**: Presta atención a señales de altas capacidades, como un vocabulario avanzado, curiosidad insaciable y habilidades de resolución de problemas inusuales para su edad.
- **Evaluaciones Profesionales**: Consulta a un psicólogo educativo o a un especialista en altas capacidades para realizar evaluaciones que confirmen y cuantifiquen el nivel de inteligencia del niño.

2. Estimulación Intelectual

- **Proveer Material Adecuado**: Proporciona libros, juegos y actividades que desafíen sus habilidades cognitivas.
- **Fomentar la Curiosidad**: Responde a sus preguntas de manera detallada y fomenta la investigación independiente. Promueve el uso de recursos como bibliotecas y sitios educativos en línea.

3. Educación Diferenciada

- **Adaptación Curricular**: Busca programas escolares que ofrezcan clases avanzadas, aceleración de grado o programas de enriquecimiento.
- **Escuelas Especializadas**: Considera la posibilidad de inscribir al niño en una escuela que se especialice en la educación de estudiantes dotados.

4. Desarrollo Emocional y Social

- **Habilidades Sociales**: Ayuda al niño a desarrollar habilidades sociales participando en actividades extracurriculares y organizando encuentros con otros niños de intereses similares.
- **Apoyo Emocional**: Proporciona un entorno seguro y comprensivo para que el niño pueda expresar sus emociones y sentimientos. La inteligencia emocional es tan importante como la intelectual.

5. Fomentar la Creatividad

- **Actividades Artísticas**: Involucra al niño en actividades artísticas como música, pintura, teatro o escritura creativa.
- **Pensamiento Divergente**: Fomenta el pensamiento creativo y la resolución de problemas a través de juegos y proyectos que requieran innovación.

6. Mentoría y Modelos a Seguir

- **Mentores**: Encuentra mentores que puedan inspirar y guiar al niño en sus áreas de interés.
- **Modelos Para Seguir**: Exponlo a biografías y logros de personas que han destacado en sus campos, para que tenga ejemplos positivos a seguir.

7. Equilibrio entre Estructura y Libertad

- **Rutinas Estructuradas**: Establece rutinas diarias que proporcionen estabilidad y seguridad.

- **Libertad para Explorar**: Permite suficiente libertad para que el niño explore sus intereses y pasiones sin restricciones excesivas.

8. Apoyo Académico y Extracurricular

- **Clases y Talleres**: Inscríbelo en clases y talleres que no solo complementen su educación, sino que también alimenten sus intereses específicos.
- **Competiciones y Clubs**: Anima al niño a participar en competiciones académicas y clubes (como matemáticas, ciencias, robótica) que le permitan desafiarse a sí mismo y conectarse con otros niños dotados.

9. Enseñanza de Habilidades de Vida

- **Gestión del Tiempo**: Enséñale habilidades de gestión del tiempo para equilibrar el estudio, las actividades extracurriculares y el tiempo libre.
- **Resiliencia y Frustración**: Ayuda al niño a desarrollar resiliencia y a manejar la frustración. Es importante que aprendan que el fracaso es una parte natural del aprendizaje y el crecimiento.

10. Colaboración con Educadores y Especialistas

- **Comunicación Abierta**: Mantén una comunicación abierta con los maestros y el personal escolar para asegurarte de que el niño esté recibiendo el apoyo adecuado.
- **Plan Educativo Para Estudiante Dotado (PEED)**: Trabaja con la escuela para desarrollar un PEED que se adapte a las necesidades específicas del niño.

Criar a un niño con alto nivel de inteligencia requiere un enfoque equilibrado que combine estímulo intelectual con apoyo emocional. Proporcionar oportunidades para el crecimiento académico, social y emocional, y trabajar en estrecha colaboración con educadores y especialistas, son elementos clave para asegurar que el niño desarrolle todo su potencial. Es esencial recordar que cada niño es único y que lo más importante es fomentar un entorno amoroso y de apoyo donde pueda florecer.

Identificación y Desarrollo del Potencial Intelectual

La identificación temprana de altas capacidades intelectuales en niños es crucial para proporcionarles el apoyo adecuado y maximizar su potencial. Una observación atenta por parte de padres, educadores y cuidadores puede revelar señales claras de altas capacidades. Aquí se describen algunos de los indicadores clave y cómo reconocerlos.

Indicadores de Altas Capacidades Intelectuales

1. **Vocabulario Avanzado**
   - **Desarrollo Temprano del Lenguaje**: Los niños con altas capacidades suelen desarrollar habilidades lingüísticas antes que sus compañeros. Pueden comenzar a hablar a una edad temprana y utilizar un vocabulario más extenso y complejo.
   - **Uso Sofisticado del Lenguaje**: Utilizan oraciones completas y estructuras gramaticales avanzadas. Pueden emplear palabras que son inusuales para su edad y comprender significados abstractos.
   - **Lectura Temprana**: Muchos niños dotados aprenden a leer por sí mismos antes de ingresar a la escuela, mostrando un gran interés por los libros y la lectura.

2. **Curiosidad Insaciable**
   - **Preguntas Constantes**: Hacen preguntas profundas y continuas sobre el mundo que los rodea. Su curiosidad puede abarcar una amplia gama de temas y siempre buscan entender el "por qué" y el "cómo" de las cosas.
   - **Intereses Intensos**: Muestran una profunda fascinación por ciertos temas y pueden dedicar largos periodos de tiempo explorándolos. Estos intereses pueden ser inusuales para su edad, como la astronomía, la historia antigua o la biología.

3. **Habilidades de Resolución de Problemas Inusuales para su Edad**
   - **Pensamiento Lógico y Analítico**: Tienen una capacidad extraordinaria para entender y resolver problemas complejos. Pueden ver conexiones y patrones que otros niños de su edad no perciben.
   - **Creatividad en la Solución de Problemas**: No solo son buenos en resolver problemas, sino que también pueden idear múltiples soluciones creativas y poco convencionales.
   - **Persistencia y Determinación**: Cuando se enfrentan a un desafío, muestran una notable perseverancia. Pueden trabajar en un problema durante mucho tiempo sin rendirse hasta encontrar una solución.

Cómo Reconocer y Apoyar estas Capacidades

1. **Ambiente Estimulante**
   - **Materiales de Enriquecimiento**: Proveer libros, juegos y materiales educativos que desafíen sus habilidades intelectuales. Incluye recursos que estén por encima del nivel esperado para su edad.
   - **Entornos Ricos en Estímulos**: Crear un entorno que ofrezca diversas oportunidades de aprendizaje, como museos, exposiciones, actividades científicas y culturales.

2. **Fomento de la Curiosidad**
   - **Respuestas Detalladas**: Tomarse el tiempo para responder sus preguntas de manera detallada. Fomentar la investigación y la búsqueda de respuestas de forma independiente.
   - **Exploración Guiada**: Proporcionar oportunidades para explorar sus intereses profundos a través de proyectos y actividades que les permitan investigar y aprender de manera práctica.

3. **Desarrollo de Habilidades de Resolución de Problemas**
   - **Juegos y Actividades Desafiantes**: Introducir juegos de lógica, rompecabezas y problemas matemáticos que desafíen su pensamiento crítico y habilidades de resolución de problemas.
   - **Fomentar el Pensamiento Creativo**: Animar a los niños a pensar fuera de lo convencional y a encontrar múltiples soluciones para un mismo problema. Proyectos de arte y construcción pueden ser muy útiles.

Importancia de la Evaluación Profesional

- **Evaluaciones Psicológicas y Educativas**: Consultar a un psicólogo educativo o a un especialista en altas capacidades para realizar evaluaciones formales. Estas evaluaciones pueden proporcionar una comprensión más precisa de las capacidades del niño y ayudar a desarrollar un plan educativo adecuado.

Presta atención a las señales de altas capacidades intelectuales desde una edad temprana. Esto nos permite a los padres y educadores proporcionar el apoyo necesario para desarrollar el potencial de estos niños. Un enfoque basado en la observación atenta, la provisión de un entorno estimulante y el fomento de la curiosidad y las habilidades de resolución de problemas puede hacer una gran diferencia en el desarrollo de un niño con altas capacidades. La colaboración con profesionales también es esencial para asegurar que el niño reciba una educación adecuada y enriquecedora.

De la Infancia a la Adultez Joven

Los niños con altas capacidades intelectuales poseen un potencial extraordinario que, cuando se cultiva adecuadamente, puede llevar a contribuciones significativas en diversos campos. Sin embargo, estos estudiantes también enfrentan desafíos únicos que requieren atención y apoyo continuo desde la infancia hasta la adultez joven. A continuación, se presentan estrategias y enfoques clave para ayudar a estos niños en cada etapa de su desarrollo.

Infancia (0-5 años)

1. **Detección Temprana**: Es fundamental identificar las altas capacidades lo más temprano posible. Esto puede hacerse a través de observaciones en el hogar y en preescolar, así como mediante evaluaciones realizadas por psicólogos especializados.
2. **Estimulación Cognitiva**: Proveer un entorno rico en estímulos que incluya libros, juegos educativos, y actividades que fomenten la curiosidad y el pensamiento crítico.
3. **Fomento de la Creatividad**: Actividades artísticas y juegos imaginativos pueden ayudar a desarrollar tanto las habilidades creativas como cognitivas.
4. **Socialización**: Ayudar a los niños a desarrollar habilidades sociales es crucial. Participar en grupos de juego y actividades comunitarias puede fomentar la interacción con pares.

Niñez Temprana (6-12 años)

1. **Educación Diferenciada**: Adaptar el currículo escolar para satisfacer las necesidades y capacidades del niño, ofreciendo programas de enriquecimiento y aceleración.
2. **Desarrollo Emocional**: Apoyar el desarrollo emocional es tan importante como el intelectual. Talleres de inteligencia emocional y sesiones con consejeros pueden ser beneficiosos.
3. **Mentoría**: Conectar a los niños con mentores que puedan inspirar y guiar sus intereses intelectuales y personales.
4. **Actividades Extracurriculares**: Fomentar la participación en clubes, competiciones y actividades que desafíen sus habilidades y les permitan explorar sus intereses.

Adolescencia (13-18 años)

1. **Orientación Vocacional**: Proveer orientación y asesoramiento sobre posibles carreras y caminos académicos que alineen con sus intereses y capacidades.
2. **Programas Avanzados**: Inscribir a los estudiantes en programas avanzados como cursos AP, IB o programas duales de colegio.
3. **Apoyo Psicológico**: Continuar con el apoyo psicológico, ya que los adolescentes dotados pueden enfrentar desafíos únicos, como el perfeccionismo, la ansiedad y la presión social.
4. **Fomento de la Independencia**: Animar a los adolescentes a tomar decisiones sobre su educación y futuro, promoviendo la autoeficacia y la independencia.

Adulto Joven (19-25 años)

1. **Transición a la Universidad**: Ayudar en la transición a la universidad o al mundo laboral, asegurando que tengan acceso a programas y servicios que continúen apoyando su desarrollo.
2. **Redes de Apoyo**: Fomentar la construcción de redes de apoyo tanto académicas como sociales. Participar en asociaciones y grupos puede proporcionar una comunidad de individuos con intereses y capacidades similares.
3. **Desarrollo Profesional**: Proveer oportunidades para el desarrollo profesional a través de pasantías, prácticas y experiencias laborales en sus campos de interés.
4. **Educación Continua**: Animar a los adultos jóvenes a seguir buscando oportunidades de aprendizaje y crecimiento, ya sea a través de estudios de posgrado, cursos en línea o programas de desarrollo profesional.

Estrategias Transversales

1. **Comunicación y Colaboración con Familias**: Involucrar a las familias en el proceso educativo y de desarrollo, proporcionándoles las herramientas y recursos necesarios para apoyar a sus hijos.
2. **Capacitación de Educadores**: Asegurar que los maestros y educadores estén capacitados para identificar y trabajar con estudiantes dotados, utilizando métodos pedagógicos apropiados.
3. **Políticas Educativas**: Abogar por políticas educativas que reconozcan y apoyen las necesidades específicas de los estudiantes con altas capacidades.
4. **Inclusión y Diversidad**: Fomentar un entorno educativo inclusivo que valore la diversidad intelectual y cultural, asegurando que todos los estudiantes tengan acceso a oportunidades equitativas.

Apoyar a los niños con altas capacidades intelectuales desde la infancia hasta la adultez joven requiere un enfoque integral y continuo que involucre a padres, educadores y la comunidad en general. Proporcionar un entorno que desafíe y nutra sus habilidades, mientras se apoya su desarrollo emocional y social, es crucial para permitirles alcanzar su máximo potencial y contribuir de manera significativa a la sociedad.

Efectos de los celulares en los niños

El uso de celulares en los niños es un tema de creciente interés y preocupación debido a los efectos potenciales en su salud y desarrollo. Este uso intensivo de dispositivos digitales ha traído consigo una serie de efectos en la salud física. Estos efectos, que van desde problemas de visión hasta alteraciones en la postura y el sueño, son cada vez más prevalentes en una sociedad altamente tecnológica. A continuación, se detallan algunos de estos efectos y sus implicaciones.

Problemas de Visión

1. **Fatiga Visual Digital (Síndrome de Visión por Computadora)**: Este síndrome es el resultado del uso prolongado de pantallas y puede incluir síntomas como visión borrosa, dificultad para enfocar, dolor ocular y dolores de cabeza. La exposición continua a pantallas digitales obliga a los ojos a trabajar más para enfocarse, lo que genera fatiga ocular.
2. **Sequedad Ocular**: El parpadeo, que mantiene los ojos lubricados, se reduce significativamente cuando miramos pantallas. Esto puede provocar sequedad, irritación y enrojecimiento ocular. Las condiciones de aire acondicionado y la falta de humedad en los espacios cerrados pueden exacerbar este problema.
3. **Miopía (Visión Corta)**: El aumento en la prevalencia de la miopía se ha relacionado con el tiempo excesivo de uso de pantallas y la disminución del tiempo al aire libre. La visión de cerca constante puede alterar el desarrollo ocular, aumentando el riesgo de miopía progresiva, especialmente en niños y adolescentes.

Problemas de Posturas

1. **Postura de la Cabeza Adelantada**: El uso constante de celulares y tabletas, especialmente en posiciones encorvadas, puede llevar a una postura conocida como postura de la cabeza adelantada. Esta postura se caracteriza por la inclinación hacia adelante de la cabeza, lo que aumenta la carga sobre la columna cervical y puede causar tensión y dolor en el cuello y hombros.
2. **Dolor de Espalda y Cuello**: Las posturas incorrectas al usar dispositivos, como encorvarse sobre una computadora portátil o mirar hacia abajo un celular, pueden resultar en dolores crónicos de espalda y

cuello. La mala postura puede afectar la alineación de la columna vertebral, causando desequilibrios musculares y tensión.
3. **Síndrome del Túnel Carpiano y Tendinitis**: El uso prolongado de teclados y dispositivos táctiles puede llevar a lesiones por esfuerzo repetitivo, como el síndrome del túnel carpiano y tendinitis. Estos problemas resultan de la presión y movimientos repetitivos que afectan los nervios y tendones de las manos y muñecas.

Alteraciones del Sueño

1. **Interferencia con la Melatonina**: La luz azul emitida por las pantallas de dispositivos electrónicos puede suprimir la producción de melatonina, una hormona que regula el ciclo de sueño-vigilia. La exposición a la luz azul antes de acostarse puede dificultar conciliar el sueño y reducir la calidad del mismo.
2. **Insomnio y Trastornos del Sueño**: El uso de dispositivos electrónicos justo antes de dormir puede contribuir al insomnio y otros trastornos del sueño. La estimulación mental y la interacción con contenido digital pueden hacer que sea más difícil relajarse y prepararse para dormir.
3. **Reducción del Sueño REM**: La alteración de los patrones de sueño debido a la exposición a pantallas puede afectar el sueño REM, una fase crucial para el descanso y la recuperación del cerebro. La falta de sueño REM puede impactar negativamente en la memoria, la concentración y el rendimiento cognitivo general.

Medidas Preventivas y Correctivas

Para la Salud Visual:

- **Regla 20-20-20**: Cada 20 minutos, tomar un descanso de 20 segundos y mirar algo a 20 pies de distancia.
- **Iluminación Adecuada**: Usar iluminación adecuada y reducir el brillo de la pantalla para minimizar el esfuerzo visual.
- **Gotas Oculares**: Usar lágrimas artificiales para mantener los ojos lubricados.
- **Exámenes Oculares Regulares**: Realizar exámenes oculares periódicos para detectar y tratar problemas de visión temprano.

Para Problemas de Postura:

- **Ergonomía**: Asegurarse de que el espacio de trabajo esté configurado ergonómicamente, con la pantalla a nivel de los ojos y una silla de apoyo adecuado.
- **Ejercicios de Estiramiento**: Incorporar estiramientos y ejercicios para aliviar la tensión en el cuello, la espalda y las muñecas.

- **Pausas Frecuentes**: Tomar descansos regulares para moverse y cambiar de posición.

Para Alteraciones del Sueño:

- **Reducción de la Exposición a Pantallas**: Limitar el uso de dispositivos electrónicos al menos una hora antes de acostarse.
- **Filtros de Luz Azul**: Usar filtros de luz azul en dispositivos o gafas especiales que bloqueen la luz azul.
- **Rutinas de Sueño**: Establecer una rutina de sueño consistente que incluya actividades relajantes antes de acostarse, como la lectura de un libro impreso o la meditación.

El uso prolongado de pantallas tiene efectos significativos en la salud física, particularmente en la visión, la postura y el sueño. Reconocer estos problemas y tomar medidas preventivas puede ayudar a mitigar los efectos negativos y promover un uso saludable de la tecnología. La educación y la concienciación son claves para adoptar hábitos que protejan nuestro bienestar físico en una era digital.

Efectos en el Desarrollo Cognitivo y Emocional

El uso excesivo de dispositivos móviles y pantallas digitales tiene repercusiones significativas no solo en la salud física, sino también en el desarrollo cognitivo y emocional de los niños. Estos efectos pueden manifestarse de diversas maneras, desde el déficit de atención hasta retrasos en el desarrollo del lenguaje y el impacto negativo en el rendimiento escolar.

Déficit de Atención

1. **Reducción de la Capacidad de Atención**: El uso excesivo de dispositivos móviles está relacionado con una disminución en la capacidad de atención y concentración. La exposición constante a estímulos rápidos y cambiantes, como los que se encuentran en videojuegos y redes sociales, puede dificultar la capacidad de los niños para enfocarse en tareas prolongadas y menos estimulantes, como la lectura o el estudio.
2. **Multitarea**: Los niños que usan dispositivos móviles frecuentemente tienden a realizar múltiples tareas simultáneamente (multitasking), lo que puede afectar la calidad de su atención y la capacidad para realizar tareas complejas con profundidad y precisión. La multitarea puede llevar a una fragmentación de la atención, haciendo más difícil mantener la concentración en una sola actividad.

3. **Implicaciones a Largo Plazo**: La reducción en la capacidad de atención puede tener consecuencias a largo plazo, afectando el desarrollo de habilidades críticas de aprendizaje y la capacidad para adquirir conocimientos de manera eficiente. La dificultad para mantener la atención sostenida puede resultar en un menor rendimiento académico y en dificultades para completar tareas y proyectos en el futuro.

Retraso en el Desarrollo del Lenguaje

1. **Menos Interacción Verbal**: En los niños más pequeños, el tiempo excesivo frente a una pantalla puede reemplazar las interacciones verbales con padres y cuidadores, que son cruciales para el desarrollo del lenguaje. La conversación cara a cara, la lectura de cuentos y el juego interactivo son fundamentales para el desarrollo de las habilidades comunicativas.
2. **Impacto en la Adquisición del Lenguaje**: Los niños que pasan mucho tiempo usando dispositivos móviles pueden mostrar un vocabulario más limitado y menos variado en comparación con aquellos que tienen más interacciones verbales directas. La exposición pasiva a contenido audiovisual no es tan efectiva para el aprendizaje del lenguaje como la participación en conversaciones.
3. **Desarrollo de Habilidades Sociales**: La interacción con pantallas puede limitar las oportunidades de los niños para practicar habilidades sociales y comunicativas. Las habilidades para interpretar el lenguaje corporal, las expresiones faciales y las señales emocionales pueden no desarrollarse plenamente en ausencia de interacción humana directa.

Impacto en el Rendimiento Escolar

1. **Distracción y Procrastinación**: El uso de celulares y otros dispositivos móviles puede ser una fuente constante de distracción para los niños, desviando su atención de sus estudios y deberes escolares. Notificaciones, mensajes y juegos pueden interrumpir el tiempo de estudio, llevando a la procrastinación y a una menor calidad en la realización de tareas.
2. **Calidad del Estudio**: La presencia de dispositivos móviles durante el tiempo de estudio puede reducir la calidad de la concentración y el enfoque. Los niños pueden pasar más tiempo en actividades no relacionadas con los estudios, lo que puede disminuir su eficiencia y eficacia en el aprendizaje.
3. **Rendimiento Académico**: El uso excesivo de dispositivos móviles ha sido asociado con un menor rendimiento académico. Los niños que pasan más tiempo en actividades digitales tienden a tener menos tiempo para estudiar, leer y realizar tareas escolares, lo que puede reflejarse en

calificaciones más bajas y en una menor comprensión de los materiales educativos.

Estrategias para Mitigar los Efectos Negativos

Para el Déficit de Atención:

- **Establecer Límites de Tiempo**: Regular el tiempo de uso de dispositivos móviles y fomentar actividades que requieran concentración prolongada.
- **Promover Actividades No Digitales**: Fomentar la participación en juegos y actividades físicas que no impliquen el uso de pantallas.

Para el Desarrollo del Lenguaje:

- **Aumentar la Interacción Verbal**: Dedicar tiempo a hablar, leer y jugar con los niños, fomentando el desarrollo del lenguaje y las habilidades comunicativas.
- **Limitar el Tiempo de Pantalla**: Reducir el tiempo que los niños pequeños pasan frente a pantallas y priorizar interacciones cara a cara.

Para el Rendimiento Escolar:

- **Crear Espacios de Estudio Libres de Dispositivos**: Establecer áreas de estudio donde el uso de dispositivos móviles esté restringido.
- **Implementar Rutinas de Estudio Estructuradas**: Desarrollar horarios de estudio consistentes que minimicen las distracciones y fomenten hábitos de estudio efectivos.

El uso excesivo de dispositivos móviles puede tener efectos profundos en el desarrollo cognitivo y emocional de los niños, afectando su capacidad de atención, el desarrollo del lenguaje y su rendimiento escolar. Reconocer estos efectos y adoptar estrategias para mitigarlos es esencial para promover un desarrollo saludable y equilibrado. Los padres, educadores y cuidadores deben trabajar juntos para establecer límites adecuados y fomentar actividades que apoyen el crecimiento intelectual y emocional de los niños.

Efectos Psicológicos y Sociales

El uso excesivo de dispositivos móviles y la exposición constante a las redes sociales pueden tener profundos efectos psicológicos y sociales en los niños y adolescentes. Estos efectos incluyen el aislamiento social, el aumento de la ansiedad y la depresión, y el riesgo de ciberacoso. A continuación, se amplían estos temas para comprender mejor las implicaciones y las posibles medidas de mitigación.

Aislamiento Social

1. **Dependencia de Interacciones Virtuales**: Los niños que pasan una cantidad excesiva de tiempo en dispositivos móviles pueden volverse más dependientes de las interacciones virtuales. Las redes sociales, los videojuegos en línea y otras formas de comunicación digital pueden desplazar las interacciones cara a cara esenciales para el desarrollo social y emocional.
2. **Reducción de Habilidades Sociales**: La falta de interacción en persona puede impedir el desarrollo de habilidades sociales importantes, como la empatía, la comunicación no verbal y la capacidad de resolver conflictos. Los niños pueden tener dificultades para interpretar el lenguaje corporal y las expresiones faciales, lo que puede afectar negativamente sus relaciones interpersonales.
3. **Aislamiento Social**: La preferencia por la comunicación digital sobre las interacciones cara a cara puede llevar al aislamiento social. Los niños pueden sentirse desconectados de sus pares y experimentar soledad. Este aislamiento puede ser particularmente problemático durante la adolescencia, una etapa crucial para la formación de la identidad y el desarrollo de relaciones sociales significativas.

Aumento de la Ansiedad y Depresión

1. **Comparación Social**: Las redes sociales a menudo presentan una versión idealizada de la vida de los demás, lo que puede llevar a la comparación social y a sentimientos de inferioridad. Los niños y adolescentes pueden sentirse inadecuados o insatisfechos con sus propias vidas en comparación con las imágenes y experiencias aparentemente perfectas que ven en línea.
2. **Exposición a Contenido Inapropiado**: La exposición a contenido inapropiado, como violencia, imágenes sexuales explícitas y mensajes de odio, puede afectar negativamente la salud mental de los niños. Esta exposición puede generar miedo, ansiedad y una visión distorsionada de la realidad.
3. **Problemas de Salud Mental**: La ansiedad y la depresión están en aumento entre los jóvenes y se han asociado con el uso excesivo de dispositivos móviles y redes sociales. La presión para estar siempre conectados y disponibles, junto con el miedo a perderse algo (FOMO), puede generar estrés y ansiedad. Además, la falta de sueño debido al uso nocturno de dispositivos puede exacerbar estos problemas.

Ciberacoso

1. **Naturaleza del Ciberacoso**: El ciberacoso implica el uso de tecnología digital para acosar, amenazar o humillar a otros. A diferencia del acoso tradicional, el ciberacoso puede ocurrir en cualquier momento y lugar, y los agresores pueden permanecer anónimos, lo que dificulta su identificación y detención.
2. **Consecuencias Emocionales y Psicológicas**: Los niños que son víctimas de ciberacoso pueden experimentar una variedad de efectos emocionales y psicológicos negativos, incluyendo ansiedad, depresión, baja autoestima y, en casos extremos, pensamientos suicidas. El impacto del ciberacoso puede ser devastador y duradero, afectando el bienestar emocional y la salud mental de los niños.
3. **Dificultad para Escapar**: A diferencia del acoso tradicional, del cual los niños pueden escapar al dejar el entorno escolar, el ciberacoso sigue a las víctimas a sus hogares a través de sus dispositivos móviles. Esto puede hacer que se sientan atrapados y sin refugio, aumentando la intensidad del estrés y el sufrimiento.

Estrategias para Mitigar los Efectos Negativos

Para el Aislamiento Social:

- **Fomentar Actividades Presenciales**: Incentivar la participación en actividades extracurriculares, deportes y reuniones sociales que involucren interacciones cara a cara.
- **Establecer Límites de Tiempo en Pantallas**: Regular el tiempo que los niños pasan en dispositivos móviles para equilibrar el tiempo de pantalla con las actividades sociales en persona.

Para la Ansiedad y Depresión:

- **Educar sobre el Uso Saludable de las Redes Sociales**: Enseñar a los niños sobre los efectos de la comparación social y fomentar una actitud crítica hacia el contenido en línea.
- **Promover el Bienestar Mental**: Incluir prácticas de bienestar mental en la rutina diaria de los niños, como la meditación, el ejercicio y el tiempo al aire libre.

Para el Ciberacoso:

- **Educación sobre Seguridad en Línea**: Enseñar a los niños sobre la importancia de la privacidad en línea, cómo identificar y denunciar el ciberacoso, y cómo protegerse en entornos digitales.

- **Comunicación Abierta**: Mantener una comunicación abierta y de apoyo con los niños para que se sientan cómodos compartiendo sus experiencias en línea y buscando ayuda cuando la necesiten.

Beneficios Potenciales

1. **Educación y Aprendizaje**: Los dispositivos móviles pueden ser herramientas educativas valiosas si se usan adecuadamente, proporcionando acceso a recursos educativos y aplicaciones de aprendizaje.
2. **Habilidades Tecnológicas**: El uso de celulares puede ayudar a los niños a desarrollar habilidades tecnológicas que son importantes en el mundo moderno.
3. **Comunicación**: Los celulares permiten a los niños mantenerse en contacto con familiares y amigos, especialmente en situaciones de emergencia.

Recomendaciones para Padres y Cuidadores

1. **Establecer Límites**: Es importante establecer límites claros sobre el tiempo de uso del celular y asegurarse de que no interfiera con otras actividades importantes.
2. **Supervisión del Contenido**: Los padres deben supervisar el contenido al que acceden sus hijos y utilizar herramientas de control parental si es necesario.
3. **Fomentar Actividades Alternativas**: Animar a los niños a participar en actividades físicas, leer libros y jugar al aire libre para equilibrar el tiempo que pasan frente a la pantalla.

El uso de celulares por parte de los niños tiene tanto ventajas como desventajas. Es fundamental que los padres y cuidadores se informen y adopten medidas para asegurar que los dispositivos móviles se utilicen de manera equilibrada y saludable, promoviendo un desarrollo integral y bienestar de los niños. Su uso excesivo de dispositivos móviles tiene importantes repercusiones psicológicas y sociales en los niños y adolescentes. Desde el aislamiento social hasta el aumento de la ansiedad y la depresión, y la amenaza del ciberacoso, es esencial abordar estos problemas de manera proactiva.

La implementación de estrategias para mitigar estos efectos negativos y la promoción de un uso saludable y equilibrado de la tecnología pueden ayudar a proteger y mejorar el bienestar de los jóvenes en un mundo cada vez más digital.

Los Juegos de Videos

Los videojuegos son una forma de entretenimiento ampliamente popular entre los estudiantes dotados, quienes pueden encontrar en ellos tanto desafíos intelectuales como oportunidades para desarrollar habilidades cognitivas avanzadas. Sin embargo, como cualquier actividad, el impacto de los videojuegos en los estudiantes dotados es complejo y multifacético. Además de los beneficios potenciales en el desarrollo de habilidades como la resolución de problemas y la estrategia, también se plantean preocupaciones sobre posibles efectos negativos en áreas como el rendimiento académico y la salud mental. Explorar cómo los videojuegos afectan a estos estudiantes requiere un análisis equilibrado que considere tanto los aspectos positivos como los desafíos que pueden surgir en su desarrollo y bienestar.

Los videojuegos, aunque ofrecen muchos beneficios, también pueden tener efectos negativos en niños y adolescentes si no se manejan adecuadamente. Aquí algunos de los principales efectos negativos:

1. Adicción

- **Definición**: Algunos niños y adolescentes pueden volverse adictos a los videojuegos, lo que puede interferir con otras actividades importantes como el estudio, las relaciones familiares y sociales.
- **Consecuencias**: La adicción a los videojuegos puede llevar a problemas de salud mental como la ansiedad, depresión y aislamiento social. Además, puede afectar negativamente el rendimiento académico y el desarrollo personal.

2. Problemas de Salud Física

- **Sedentarismo**: Pasar largas horas jugando videojuegos puede llevar a un estilo de vida sedentario, lo que aumenta el riesgo de obesidad y problemas de salud asociados.
- **Fatiga y Problemas Visuales**: La concentración prolongada frente a pantallas puede causar fatiga ocular y dolores de cabeza, además de problemas posturales por malas posiciones al jugar.

3. Impacto en el Comportamiento

- **Agresividad**: Algunos estudios sugieren que los videojuegos violentos pueden estar asociados con un aumento en la agresividad y comportamientos hostiles en niños y adolescentes.
- **Desensibilización**: La exposición constante a la violencia en los videojuegos puede desensibilizar a los jóvenes ante situaciones violentas o agresivas en la vida real.

4. Problemas Sociales y Emocionales

- **Aislamiento Social**: Pasar demasiado tiempo jugando videojuegos puede llevar a un aislamiento social, donde los jóvenes prefieren la interacción virtual sobre la interacción cara a cara.
- **Problemas de Relación**: Puede afectar las relaciones familiares y de amistad si los jóvenes priorizan los videojuegos sobre el tiempo de calidad con otros.

5. Rendimiento Académico

- **Distracción**: El exceso de tiempo dedicado a los videojuegos puede interferir con las responsabilidades académicas, reduciendo el tiempo dedicado al estudio y otras actividades educativas.
- **Bajo Rendimiento**: Niños y adolescentes que juegan videojuegos de manera excesiva pueden tener un rendimiento académico más bajo debido a la falta de concentración y tiempo invertido en el estudio.

6. Problemas de Sueño

Las alteraciones del sueño relacionadas con la exposición a la luz de las pantallas de los videojuegos son un problema cada vez más reconocido, especialmente entre los niños y adolescentes. Aquí hay varios aspectos importantes a considerar:

Luz Azul y Ritmo Circadiano

- **Luz Azul**: Las pantallas de dispositivos como los videojuegos emiten luz azul, que es una parte del espectro de luz visible con longitudes de onda cortas.
- **Impacto en el Sueño**: Esta luz azul suprime la producción de melatonina, la hormona responsable de regular el ciclo de sueño-vigilia (ritmo circadiano). La exposición a esta luz antes de dormir puede engañar al cerebro haciéndole creer que es de día, lo que dificulta conciliar el sueño.

Consecuencias de la Privación del Sueño

- **Problemas de Salud**: La falta de sueño adecuado puede tener efectos negativos en la salud general, incluyendo fatiga diurna, dificultades para concentrarse, irritabilidad y una mayor vulnerabilidad a enfermedades.
- **Impacto en el Rendimiento**: En niños y adolescentes, la privación crónica del sueño puede afectar el rendimiento académico y el desarrollo cognitivo, ya que el sueño es crucial para el proceso de consolidación de la memoria y el aprendizaje.

Recomendaciones para Mejorar el Sueño

- **Horario de Pantallas**: Establecer una "hora de apagado" de pantallas al menos una hora antes de dormir puede ayudar a reducir la exposición a la luz azul y facilitar la producción natural de melatonina.
- **Entorno de Sueño**: Crear un ambiente propicio para el sueño en el dormitorio, con poca iluminación y una temperatura cómoda.
- **Rutina de Relajación**: Implementar rutinas relajantes antes de dormir, como leer un libro o escuchar música suave, puede preparar al cuerpo y la mente para el descanso.

Tecnología y Soluciones

- **Filtros de Luz Azul**: Algunos dispositivos y aplicaciones ofrecen opciones para reducir la cantidad de luz azul emitida por las pantallas, lo cual puede ser útil especialmente en las horas cercanas a la hora de dormir.
- **Educación y Conciencia**: Es importante educar a los niños y adolescentes sobre los efectos de la luz de las pantallas en el sueño y motivarlos a adoptar hábitos saludables relacionados con el uso de dispositivos electrónicos.

La exposición a la luz azul de las pantallas de videojuegos antes de dormir puede tener un impacto significativo en la calidad del sueño y el bienestar general de los niños y adolescentes. Implemente estrategias para limitar esta exposición para ayudar a promover un sueño más saludable y reparador.

Recomendaciones para Mitigar los Efectos Negativos:

- **Establecer Límites**: Establecer límites claros de tiempo de juego es fundamental para garantizar un equilibrio saludable entre el entretenimiento digital y otras actividades importantes en la vida de los niños y adolescentes. Aunque los videojuegos pueden ofrecer beneficios

educativos y recreativos, su consumo excesivo puede tener consecuencias negativas. Establecer estos límites ayuda a prevenir la adicción, promueve hábitos de vida equilibrados y asegura que los jóvenes dediquen tiempo adecuado a actividades físicas, sociales, académicas y familiares. Además, al limitar el tiempo de juego, se fomenta la autorregulación y la responsabilidad, habilidades importantes que los niños y adolescentes pueden aplicar en diversas áreas de su vida. Es crucial que los padres y cuidadores establezcan estos límites de manera consistente, comunicándose abiertamente con los jóvenes sobre la importancia de un uso equilibrado de los videojuegos para su desarrollo integral y bienestar general.
- **Selección Apropiada de Juegos**: La selección apropiada de juegos para niños y adolescentes es crucial para asegurar que los videojuegos no solo sean entretenidos, sino también educativos y beneficiosos para su desarrollo. Aquí se exploran algunos puntos clave sobre este tema:

Beneficios de la Selección Adecuada de Juegos

1. **Desarrollo Cognitivo**: Los juegos diseñados específicamente para cada grupo de edad pueden ayudar a desarrollar habilidades cognitivas como la resolución de problemas, la planificación estratégica y la toma de decisiones.
2. **Valores Positivos**: Los videojuegos pueden ser una herramienta poderosa para enseñar valores positivos como la colaboración, el trabajo en equipo, la empatía y la creatividad. Juegos que requieren cooperación entre jugadores o la resolución de conflictos de manera constructiva pueden fomentar habilidades sociales y emocionales importantes.
3. **Estímulo de la Creatividad**: Algunos videojuegos ofrecen entornos interactivos donde los niños pueden explorar su creatividad, diseñar mundos virtuales, crear historias y resolver problemas de manera innovadora.
4. **Aprendizaje Lúdico**: Existen juegos educativos que están diseñados específicamente para enseñar conceptos académicos como matemáticas, ciencias, historia e idiomas de manera divertida y motivadora.

Consideraciones al Elegir Juegos

- **Contenido Apropiado**: Es esencial revisar la clasificación por edad y la descripción del contenido del juego para asegurarse de que sea adecuado para el nivel de desarrollo del niño o adolescente. Esto incluye evitar juegos con violencia excesiva, lenguaje inapropiado o temas adultos.
- **Intereses Personales**: Conocer los intereses y habilidades del niño o adolescente puede ayudar a seleccionar juegos que sean atractivos y

estimulantes para ellos. Esto puede fomentar una experiencia de juego más positiva y enriquecedora.
- **Supervisión y Participación**: Los padres y cuidadores deben involucrarse activamente en la selección y supervisión de los juegos. Esto incluye jugar junto con los niños, discutir los temas que surgen en el juego y establecer límites claros de tiempo de juego.

Impacto en el Desarrollo Integral

Seleccionar juegos adecuados no solo ayuda a maximizar los beneficios educativos y sociales de los videojuegos, sino que también puede influir positivamente en el desarrollo emocional y psicológico del niño o adolescente. Al elegir juegos que promuevan valores positivos y habilidades clave, se puede contribuir de manera significativa a su crecimiento personal y su preparación para enfrentar desafíos en la vida real.

La selección cuidadosa de juegos es esencial para aprovechar al máximo el potencial positivo de los videojuegos en el desarrollo de los niños y adolescentes, asegurando que sus experiencias digitales sean enriquecedoras, educativas y seguras.

- **Supervisión y Comunicación**: La supervisión activa y la comunicación abierta son fundamentales para guiar de manera efectiva el uso de los videojuegos por parte de los jóvenes. Aquí se profundiza en la importancia de estos aspectos:

Supervisión Activa

- **Monitoreo del Contenido**: Los padres y cuidadores deben familiarizarse con los videojuegos que juegan los niños y adolescentes, revisando las clasificaciones por edades y entendiendo el contenido del juego. Esto ayuda a asegurarse de que los juegos sean apropiados y seguros para su edad y nivel de madurez.
- **Tiempo de Pantalla**: Es crucial establecer límites claros sobre el tiempo dedicado a los videojuegos. Monitorear el tiempo de juego ayuda a prevenir el consumo excesivo de pantallas, lo cual puede afectar negativamente otras áreas importantes de la vida, como el sueño, el rendimiento académico y las relaciones sociales.

Comunicación Abierta

- **Diálogo Constante**: Mantener un canal abierto de comunicación con los niños y adolescentes sobre sus experiencias con los videojuegos es

esencial. Esto incluye discutir los juegos que les interesan, los desafíos que enfrentan y cualquier preocupación que puedan tener.
- **Educación sobre Seguridad**: Es importante educar a los jóvenes sobre la seguridad en línea y cómo interactuar de manera segura y responsable en entornos virtuales. Esto incluye temas como la protección de datos personales y la identificación de comportamientos potencialmente riesgosos, como el ciberacoso.

Fomento de un Equilibrio Saludable

- **Variación de Actividades**: Animar a los niños y adolescentes a participar en una variedad de actividades fuera de los videojuegos, como el ejercicio físico, la lectura, actividades artísticas y sociales. Esto promueve un estilo de vida equilibrado y reduce la dependencia excesiva de la tecnología.
- **Modelo a Seguir**: Los adultos deben servir como modelos a seguir al equilibrar su propio tiempo de pantalla y participar activamente en actividades fuera de la tecnología. Esto establece un ejemplo positivo y refuerza la importancia de la variedad y el equilibrio en la vida diaria.

Impacto Positivo de la Supervisión Activa y Comunicación

La supervisión activa y la comunicación abierta no solo ayudan a mitigar los riesgos asociados con el uso de videojuegos, sino que también pueden fortalecer la relación entre padres e hijos, fomentando un entorno de confianza y apoyo, y permitiendo a los jóvenes aprovechar al máximo los beneficios educativos y sociales que los videojuegos pueden ofrecer.

Fortalecimiento de la Relación entre Padres e Hijos

1. **Construcción de Confianza**: La supervisión activa y la comunicación abierta crean un ambiente de confianza donde los niños se sienten seguros al compartir sus experiencias y preocupaciones con sus padres. Esto facilita un diálogo sincero y constructivo sobre los videojuegos y otros aspectos de sus vidas.
2. **Compromiso Activo**: Al involucrarse en la vida digital de sus hijos, los padres demuestran interés genuino en sus actividades y pasatiempos. Este compromiso activo no solo fortalece el vínculo emocional, sino que también permite a los padres estar mejor informados y preparados para guiar a sus hijos.
3. **Modelado de Comportamientos Positivos**: La comunicación abierta permite a los padres modelar comportamientos y actitudes

saludables hacia el uso de videojuegos. Pueden enseñar a sus hijos sobre el equilibrio entre el tiempo de juego y otras responsabilidades, como el estudio, la actividad física y el tiempo en familia.

Entorno de Confianza y Apoyo

1. **Apoyo Emocional**: Los padres que se mantienen informados y comprenden los juegos que sus hijos disfrutan pueden proporcionar un apoyo emocional más efectivo. Esto es crucial cuando los jóvenes enfrentan desafíos o frustraciones en el juego, ya que tienen a alguien con quien hablar y recibir orientación.
2. **Prevención de Problemas**: La supervisión activa permite a los padres identificar posibles problemas antes de que se conviertan en serios. Pueden notar signos de adicción, cambios en el comportamiento o problemas sociales, y tomar medidas preventivas de manera oportuna.
3. **Promoción de Valores Positivos**: Al discutir el contenido y las experiencias de los videojuegos, los padres pueden promover valores positivos, como el trabajo en equipo, la resolución de problemas y la perseverancia. Además, pueden explicar y reforzar la importancia de comportarse de manera respetuosa y ética tanto dentro como fuera del juego.

Aprovechamiento de Beneficios Educativos y Sociales

1. **Desarrollo de Habilidades**: Los videojuegos pueden ser una herramienta poderosa para desarrollar habilidades cognitivas, como la resolución de problemas, el pensamiento crítico y la toma de decisiones. Los juegos educativos específicos pueden mejorar habilidades matemáticas, científicas y lingüísticas.
2. **Fomento de la Creatividad**: Muchos videojuegos estimulan la creatividad y la imaginación. Juegos que permiten la construcción y personalización de mundos, como Minecraft, fomentan la expresión creativa y el pensamiento innovador.
3. **Interacción Social**: Los videojuegos multijugador ofrecen oportunidades para la interacción social y el desarrollo de habilidades de colaboración. Los niños pueden aprender a trabajar en equipo, comunicarse eficazmente y construir relaciones a través del juego cooperativo.

Medidas Preventivas y Consciencia de Efectos Negativos

1. **Balance y Moderación**: Es crucial que los padres ayuden a sus hijos a encontrar un equilibrio saludable entre el tiempo de juego y otras actividades. Establecer límites claros y horarios puede prevenir el uso excesivo de videojuegos y sus posibles efectos negativos.
2. **Educación sobre Riesgos**: Informar a los niños sobre los posibles riesgos asociados con los videojuegos, como la exposición a contenido inapropiado, el ciberacoso y los riesgos de privacidad, es esencial. Los padres pueden enseñar estrategias para mantenerse seguros en línea.
3. **Monitoreo del Contenido**: Supervisar el contenido de los videojuegos que los niños juegan asegura que los juegos sean apropiados para su edad y nivel de madurez. Los padres pueden utilizar herramientas de control parental y revisar las clasificaciones de los juegos para tomar decisiones informadas.

Al mantenerse involucrado de manera activa y comunicativa en la vida digital de los jóvenes, los padres y cuidadores pueden jugar un papel crucial en la orientación positiva y saludable del uso de videojuegos, contribuyendo al desarrollo integral y bienestar de los niños y adolescentes. Aunque los videojuegos pueden ser entretenidos y educativos, es importante estar consciente de los posibles efectos negativos y tomar medidas preventivas para minimizar su impacto en la salud y el desarrollo de los niños y adolescentes.

El Juego de Mesa y El Desarrollo del Estudiante Dotado

El juego de mesa desempeña un papel fundamental en el desarrollo integral del estudiante dotado, estimulando diversas habilidades intelectuales, sociales y emocionales a lo largo de su crecimiento. A continuación, exploraremos su importancia dividida por rangos de edad:

Edades tempranas (3-6 años): En estas etapas, los juegos de mesa simples ayudan al niño dotado a desarrollar habilidades básicas como la atención, la memoria y la coordinación motora. Juegos como memoria, lotería o juegos de emparejamiento fomentan el pensamiento lógico y la concentración. Además, el juego en grupo enseña normas sociales básicas como compartir, esperar turnos y respetar reglas, facilitando la integración emocional y social.

Edades intermedias (7-12 años): Durante esta fase crucial, los juegos de mesa estratégicos como el ajedrez, Scrabble o juegos de estrategia más complejos ofrecen desafíos intelectuales significativos. Estos juegos promueven la planificación a largo plazo, el razonamiento abstracto y la resolución de problemas, habilidades cruciales para el niño dotado. Además, jugar en equipo o en competiciones refuerza la capacidad de colaborar, comunicarse efectivamente y gestionar la competencia de manera saludable, fortaleciendo la inteligencia emocional y las habilidades sociales.

Edades avanzadas (13-18 años): En la adolescencia, los juegos de mesa continúan siendo beneficiosos para el niño dotado, ofreciendo desafíos mentales que estimulan el pensamiento crítico, la creatividad y la toma de decisiones informadas. Juegos estratégicos más complejos como juegos de roles, estrategia militar o juegos de simulación permiten explorar intereses específicos y desarrollar habilidades de liderazgo y trabajo en equipo. Además, enfrentarse a situaciones competitivas promueve la gestión del estrés, la resiliencia emocional y la ética deportiva.

Los juegos de mesa desempeñan un papel crucial en el desarrollo de los niños dotados, ofreciendo beneficios significativos que van más allá del entretenimiento. Aquí se destacan algunas razones clave de su importancia:

1. **Estimulación cognitiva avanzada:** Los juegos de mesa estratégicos como el ajedrez, Go o juegos de estrategia complejos requieren un pensamiento profundo, planificación estratégica y resolución de problemas. Estas actividades son especialmente adecuadas para niños dotados, ya que desafían y desarrollan su capacidad intelectual.

2. **Desarrollo de habilidades sociales:** A través del juego de mesa, los niños dotados aprenden a interactuar con sus compañeros de juego de

manera positiva. Esto incluye habilidades como compartir, tomar turnos, comunicarse efectivamente y trabajar en equipo, aspectos esenciales para el éxito tanto en contextos sociales como académicos.

3. **Fomento de la perseverancia y la resiliencia:** Muchos juegos de mesa requieren perseverancia y la capacidad de enfrentarse a desafíos continuos. Los niños dotados pueden beneficiarse enormemente de aprender a manejar la frustración, a perseverar ante obstáculos y a adaptarse a nuevas estrategias para alcanzar sus objetivos.

4. **Desarrollo de habilidades emocionales:** Participar en juegos de mesa enseña a los niños dotados a manejar sus emociones, como la excitación ante el éxito o la decepción ante la derrota. Esto fortalece su inteligencia emocional y los prepara mejor para enfrentar situaciones competitivas y colaborativas en la vida cotidiana.

5. **Fomento de la creatividad y la imaginación:** Algunos juegos de mesa, como los juegos de roles o los juegos de creatividad, estimulan la imaginación y la creatividad de los niños dotados. Estos juegos les permiten explorar ideas nuevas, experimentar con diferentes roles y escenarios, y pensar fuera de los límites convencionales.

6. **Promoción de la autonomía y la responsabilidad:** Los juegos de mesa ofrecen a los niños dotados la oportunidad de tomar decisiones independientes y asumir la responsabilidad de sus acciones dentro del juego. Esto contribuye al desarrollo de la autonomía y la autoconfianza en sus habilidades.

Los juegos de mesa no solo son una forma divertida de pasar el tiempo, sino también una herramienta poderosa para el desarrollo integral de los niños dotados. Desde fortalecer habilidades cognitivas y emocionales hasta fomentar la interacción social y la creatividad, los juegos de mesa ofrecen un entorno enriquecedor y estimulante para el crecimiento y la realización personal de estos niños excepcionales.

Nota especial: Cada juego de mesa tiene su marca registrada cuyos derechos pertenecen a cada empresa individualmente.

1. Estimulación cognitiva avanzada en juegos estratégicos

Los juegos de mesa estratégicos son una herramienta poderosa para la estimulación cognitiva avanzada, especialmente en niños dotados. Aquí se profundiza en cómo estos juegos fomentan diversas habilidades cognitivas y por qué son particularmente beneficiosos para el desarrollo intelectual de estos niños.

Desarrollo del pensamiento crítico y analítico

Ajedrez:

- **Planeación y previsión:** El ajedrez obliga a los jugadores a pensar varios movimientos por adelantado, evaluando posibles escenarios y respuestas del oponente.
- **Toma de decisiones:** Cada jugada implica seleccionar la mejor opción entre varias posibilidades, desarrollando así la capacidad de tomar decisiones informadas y estratégicas.
- **Evaluación de riesgos:** Los jugadores deben aprender a evaluar los riesgos y beneficios de cada movimiento, mejorando su habilidad para gestionar situaciones complejas.

2. Fomento de la planificación estratégica y la anticipación

Juegos de estrategia complejos (e.g., Risk, Settlers of Catan):

- **Gestión de recursos:** Muchos juegos de estrategia implican la gestión eficiente de recursos limitados, enseñando a los niños a planificar y priorizar.
- **Construcción de estrategias a largo plazo:** Estos juegos suelen requerir la formulación y ejecución de estrategias a largo plazo, desarrollando habilidades de planificación y proyección futura.

3. Resolución de problemas y pensamiento lógico

Rompecabezas y juegos de lógica (ej., Sudoku, juegos de escape):

- **Descomposición de problemas:** Los niños aprenden a descomponer problemas complejos en partes más manejables, mejorando su capacidad para abordar tareas difíciles.
- **Pensamiento secuencial:** Estos juegos desarrollan el pensamiento secuencial, crucial para la resolución de problemas lógicos y matemáticos.

4. Beneficios emocionales y sociales

Desarrollo de la paciencia y la perseverancia:

- **Tolerancia a la frustración:** Enfrentar desafíos difíciles en estos juegos enseña a los niños a ser persistentes y tolerar la frustración, habilidades esenciales para el éxito a largo plazo.
- **Control emocional:** Los juegos de estrategia ayudan a los niños a manejar sus emociones durante el juego, mejorando su autocontrol y regulación emocional.

Habilidades sociales y cooperación:

- **Trabajo en equipo:** Algunos juegos de estrategia requieren colaboración y trabajo en equipo, fomentando habilidades sociales y de cooperación.
- **Comunicación efectiva:** Los jugadores deben comunicarse de manera clara y efectiva para coordinar estrategias, mejorando sus habilidades de comunicación.

5. Estimulación intelectual continua

Variedad y complejidad:

- **Desafíos constantes:** La amplia variedad de juegos disponibles ofrece desafíos continuos y nuevos, manteniendo a los niños interesados y comprometidos.
- **Progresión de dificultad:** Los niños pueden progresar a juegos más complejos a medida que desarrollan sus habilidades, asegurando una estimulación intelectual constante y creciente.

Los juegos de mesa estratégicos proporcionan un entorno rico y estimulante para el desarrollo cognitivo avanzado en niños dotados. A través de la planificación estratégica, la resolución de problemas, y el pensamiento crítico, estos juegos no solo desafían a los niños intelectualmente, sino que también les enseñan valiosas habilidades emocionales y sociales. Incorporar estos juegos en la educación y el tiempo libre de los niños dotados puede ser una estrategia altamente efectiva para fomentar su desarrollo integral.

Desarrollo de habilidades sociales

Los juegos de mesa no solo estimulan el desarrollo cognitivo en niños dotados, sino que también son una herramienta valiosa para el desarrollo de habilidades sociales. A continuación, se explora cómo estos juegos promueven diversas habilidades sociales y por qué son cruciales para el éxito en contextos sociales y académicos.

1. Fomento de la cooperación y el trabajo en equipo

Juegos cooperativos (e.g., Pandemic, Forbidden Island):

- **Objetivos comunes:** Estos juegos requieren que los jugadores trabajen juntos para alcanzar un objetivo compartido, enseñando a los niños la importancia de la cooperación y el esfuerzo colectivo.
- **Distribución de roles:** En juegos cooperativos, cada jugador puede tener un rol específico que contribuye al éxito del equipo, lo que fomenta el respeto por las habilidades y aportaciones de los demás.

2. Desarrollo de la comunicación efectiva

Juegos de comunicación (e.g., Dixit, Codenames):

- **Claridad y precisión:** Los jugadores deben transmitir información de manera clara y precisa para que sus compañeros puedan entender y actuar en consecuencia.
- **Escucha activa:** Participar en estos juegos mejora las habilidades de escucha activa, ya que los jugadores deben comprender completamente lo que sus compañeros están diciendo para colaborar efectivamente.

3. Aprendizaje de reglas sociales y normas

Juegos con reglas estructuradas (e.g., Monopoly, The Game of Life):

- **Seguir reglas:** Los niños aprenden a respetar y seguir las reglas del juego, entendiendo la importancia de las normas en la interacción social.
- **Tomar turnos:** Los juegos de mesa enseñan a los niños la paciencia y el respeto por el turno de los demás, promoviendo una conducta ordenada y equitativa.

4. Manejo de emociones y desarrollo de la empatía

Juegos competitivos y cooperativos:

- **Gestión de la victoria y la derrota:** Los niños aprenden a manejar tanto la victoria como la derrota de manera constructiva, desarrollando habilidades de resiliencia y empatía hacia sus compañeros.

- **Regulación emocional:** Al enfrentar desafíos y frustraciones durante el juego, los niños practican la regulación de sus emociones, una habilidad esencial para la vida social y académica.

5. **Desarrollo de habilidades de negociación y resolución de conflictos**

Juegos de negociación (ej., Settlers of Catan, Diplomacy):

- **Negociación y compromiso:** Estos juegos enseñan a los niños a negociar y comprometerse, habilidades cruciales para resolver conflictos de manera efectiva.
- **Persuasión y argumentación:** Los niños aprenden a presentar y defender sus ideas de manera persuasiva, mejorando sus habilidades de argumentación y debate.

6. **Fortalecimiento de la autoconfianza y la autoestima**

Participación y logro:

- **Reconocimiento del esfuerzo:** A través del éxito y el reconocimiento en los juegos de mesa, los niños desarrollan una mayor autoestima y confianza en sus habilidades.
- **Sensación de pertenencia:** Participar en juegos de mesa puede dar a los niños una sensación de pertenencia y aceptación en un grupo, fortaleciendo su identidad social.

Los juegos de mesa son una herramienta multifacética que no solo desarrollan habilidades cognitivas avanzadas, sino también habilidades sociales cruciales para el éxito en la vida. Al participar en estos juegos, los niños dotados aprenden a interactuar positivamente con sus compañeros, desarrollando competencias como la cooperación, la comunicación efectiva, el respeto por las reglas, la empatía, la negociación y la autoconfianza. Incorporar juegos de mesa en la educación y el tiempo libre de los niños dotados puede proporcionarles una base sólida para el desarrollo social y académico integral.

Fomento de la perseverancia y la resiliencia

Los juegos de mesa no solo desarrollan habilidades cognitivas y sociales, sino que también son herramientas efectivas para enseñar perseverancia y resiliencia. Estos juegos presentan desafíos continuos y situaciones cambiantes, lo que obliga a los niños a enfrentar y superar obstáculos de manera constructiva. A continuación, se detalla cómo los juegos de mesa fomentan estas cualidades esenciales.

1. Desarrollo de la perseverancia

Enfrentar desafíos persistentes:

- **Ajedrez y Go:** Estos juegos de estrategia requieren que los jugadores enfrenten y superen una serie de desafíos a lo largo de la partida. La necesidad de pensar varios movimientos por delante y la complejidad de las tácticas implicadas desarrollan la habilidad de perseverar hasta el final del juego.
- **Juegos de construcción (e.g., Carcassonne, Ticket to Ride):** La construcción y el desarrollo de estrategias a largo plazo enseñan a los niños a persistir, incluso cuando las cosas no salen como planeado.

2. Manejo de la frustración

Aprendizaje a través de la derrota:

- **Juegos competitivos (e.g., Risk, Stratego):** La experiencia de perder en estos juegos puede ser frustrante, pero también ofrece una oportunidad para aprender a manejar la frustración y a seguir adelante. Los niños aprenden que la derrota es una parte natural del juego y de la vida.
- **Juegos con elementos aleatorios (e.g., dados, cartas):** La incertidumbre y el azar en estos juegos enseñan a los niños a aceptar que no siempre pueden controlar todas las variables y que es importante adaptarse y seguir intentándolo.

3. Adaptabilidad y flexibilidad

Estrategias cambiantes:

- **Juegos de estrategia en tiempo real (e.g., Real-Time Strategy Games):** Estos juegos requieren que los jugadores ajusten sus estrategias en respuesta a las acciones de los oponentes y a las condiciones cambiantes del juego. La capacidad de cambiar de táctica sobre la marcha fomenta la flexibilidad y la adaptabilidad.
- **Juegos de gestión de recursos (e.g., Agricola, Puerto Rico):** Los niños deben adaptarse a los recursos disponibles y a las decisiones de los demás jugadores, lo que les enseña a ser flexibles y a encontrar nuevas formas de alcanzar sus objetivos.

4. Superación de obstáculos

Resolución de problemas complejos:

- **Juegos de escape y rompecabezas (e.g., Exit: The Game, Unlock!):** Estos juegos presentan una serie de desafíos que deben ser resueltos en secuencia. La necesidad de resolver problemas complejos y superar obstáculos fomenta la perseverancia y la creatividad.
- **Juegos de rol (e.g., Dungeons & Dragons):** Los jugadores enfrentan y superan diversos desafíos a lo largo de la historia, lo que les enseña a persistir y a encontrar soluciones creativas a los problemas que se les presentan.

5. Refuerzo positivo y autoestima

Reconocimiento de logros:

- **Progresión y recompensas:** Los juegos de mesa a menudo incluyen sistemas de recompensas y logros que reconocen el esfuerzo y el éxito de los jugadores. Este refuerzo positivo ayuda a construir la autoestima y a motivar a los niños a seguir intentándolo.
- **Satisfacción por el esfuerzo:** La sensación de haber superado un desafío difícil puede ser extremadamente gratificante, reforzando la importancia de la perseverancia y el esfuerzo continuo.

Los juegos de mesa son herramientas efectivas para fomentar la perseverancia y la resiliencia en niños dotados. A través de la experiencia de enfrentar y superar desafíos, manejar la frustración, adaptarse a nuevas estrategias y superar obstáculos, los niños desarrollan habilidades esenciales para la vida. Estos juegos no solo proporcionan entretenimiento, sino que también enseñan lecciones valiosas sobre la importancia del esfuerzo continuo, la adaptabilidad y la superación de dificultades. Incorporar juegos de mesa en la rutina de los niños dotados puede ayudarles a desarrollar una mentalidad resiliente y perseverante, preparándolos para enfrentar los desafíos del futuro con confianza y determinación.

Desarrollo de habilidades emocionales

Los juegos de mesa son herramientas poderosas para el desarrollo de habilidades emocionales en niños dotados. Al participar en estos juegos, los niños aprenden a manejar diversas emociones que surgen durante la interacción, como la excitación, la decepción, la frustración y la alegría. A continuación, se explora cómo los juegos de mesa fortalecen la inteligencia emocional y preparan a los niños para enfrentar situaciones competitivas y colaborativas en la vida cotidiana.

1. Manejo de la excitación y el éxito

Aprender a gestionar la alegría:

- **Celebración apropiada:** Los niños aprenden a celebrar sus éxitos de manera adecuada, sin menospreciar a los demás jugadores. Esto fomenta una actitud de respeto y humildad.
- **Autocontrol:** Los juegos enseñan a los niños a mantener la calma y el enfoque, incluso cuando están emocionados por una victoria inminente, mejorando su autocontrol y capacidad de concentración.

2. Manejo de la decepción y la derrota

Desarrollar la resiliencia emocional:

- **Aceptar la derrota:** Experimentar la derrota en un entorno seguro como un juego de mesa permite a los niños aprender a aceptar la pérdida sin desanimarse. Esto fortalece su capacidad para enfrentar fracasos en la vida real con una actitud positiva.
- **Aprender de los errores:** Los niños pueden reflexionar sobre sus errores y entender que cada derrota es una oportunidad de aprendizaje, lo que fomenta una mentalidad de crecimiento y mejora continua.

3. Regulación emocional

Controlar la frustración y la impaciencia:

- **Paciencia y tolerancia:** Los juegos de mesa, especialmente aquellos con tiempos de espera y turnos largos, enseñan a los niños a ser pacientes y a esperar su turno sin impacientarse.
- **Gestión de la frustración:** Los desafíos y obstáculos en los juegos pueden generar frustración, pero los niños aprenden a gestionar esta emoción de manera constructiva, desarrollando habilidades de regulación emocional.

4. Empatía y comprensión

Desarrollar la empatía hacia los demás jugadores:

- **Ponerse en el lugar del otro:** Los niños aprenden a entender y empatizar con las emociones de los demás jugadores, ya sea al ganar o perder, lo que mejora su capacidad para relacionarse de manera empática en situaciones sociales.
- **Apoyo mutuo:** En juegos cooperativos, los niños aprenden a apoyar y animar a sus compañeros, lo que fomenta una actitud de colaboración y comprensión mutua.

5. Manejo de la presión y el estrés

Enfrentar situaciones competitivas:

- **Tolerancia al estrés:** Los juegos de mesa, especialmente aquellos con elementos competitivos, enseñan a los niños a manejar la presión y el estrés de manera efectiva. Aprenden a mantener la calma y a pensar con claridad bajo presión.
- **Estrategias de afrontamiento:** Los niños desarrollan estrategias para afrontar situaciones estresantes, como la visualización de resultados positivos y la práctica de la respiración profunda para mantener la calma.

6. Desarrollo de la autoconfianza y la autoestima

Reconocimiento y autoeficacia:

- **Autoeficacia:** Al lograr objetivos y superar desafíos en los juegos de mesa, los niños desarrollan una mayor confianza en sus habilidades y en su capacidad para tener éxito en diversas tareas.
- **Reconocimiento del esfuerzo:** La experiencia de ser reconocidos por su esfuerzo y habilidades en los juegos refuerza su autoestima y motivación para seguir esforzándose.

Los juegos de mesa son una herramienta valiosa para el desarrollo de habilidades emocionales en niños dotados. A través de la experiencia de manejar la excitación, la decepción, la frustración y el éxito, los niños fortalecen su inteligencia emocional. Estas habilidades emocionales son cruciales para su éxito en situaciones competitivas y colaborativas en la vida cotidiana. Al incorporar juegos de mesa en la educación y el tiempo libre de los niños dotados, se les proporciona un entorno seguro y enriquecedor para desarrollar la resiliencia, la empatía, la autoconfianza y la capacidad de regulación emocional, preparándolos mejor para enfrentar los desafíos emocionales del futuro.

Fomento de la creatividad y la imaginación

Los juegos de mesa que fomentan la creatividad y la imaginación son especialmente beneficiosos para niños dotados. Estos juegos permiten a los niños explorar nuevas ideas, experimentar con diferentes roles y escenarios, y pensar de manera innovadora y no convencional. A continuación, se detalla cómo estos juegos estimulan la creatividad y la imaginación de los niños dotados.

1. Exploración de ideas nuevas

Juegos de construcción y diseño (e.g., Lego, Minecraft Board Game):

- **Diseño y creación:** Estos juegos permiten a los niños construir y diseñar estructuras, fomentando su capacidad para generar ideas originales y soluciones creativas.
- **Innovación:** Los niños tienen la oportunidad de experimentar con diferentes materiales y técnicas, lo que estimula su pensamiento innovador y su capacidad para explorar múltiples posibilidades.

Juegos de estrategia creativa (e.g., Dixit, Mysterium):

- **Interpretación creativa:** Juegos como Dixit requieren que los jugadores interpreten imágenes abstractas de manera creativa, lo que estimula su imaginación y capacidad para pensar fuera de los límites convencionales.
- **Narración visual:** Los niños desarrollan habilidades de narración y creatividad visual al crear historias y explicaciones para las cartas del juego.

2. Experimentación con roles y escenarios

Juegos de rol (e.g., Dungeons & Dragons, Pathfinder):

- **Desarrollo de personajes:** Los niños crean y desarrollan personajes únicos, explorando diferentes personalidades, habilidades y trasfondos, lo que fomenta su imaginación y empatía.
- **Narración colaborativa:** La naturaleza colaborativa de los juegos de rol permite a los niños construir mundos y tramas complejas junto con otros jugadores, desarrollando sus habilidades narrativas y creativas.

Juegos de simulación (e.g., SimCity, Agricola):

- **Simulación de mundos:** Estos juegos permiten a los niños simular y gestionar mundos complejos, explorando las consecuencias de sus decisiones y experimentando con diferentes estrategias.
- **Pensamiento sistémico:** Los niños desarrollan un pensamiento sistémico al comprender cómo interactúan diferentes elementos dentro del juego, lo que estimula su creatividad y capacidad para ver conexiones complejas.

3. Pensamiento fuera de los límites convencionales

Juegos de rompecabezas y lógica (e.g., Escape Room Games, Sherlock Holmes Consulting Detective):

- **Resolución creativa de problemas:** Estos juegos desafían a los niños a resolver rompecabezas y misterios, estimulando su capacidad para pensar de manera lógica y creativa al mismo tiempo.

- **Innovación en la solución de problemas:** Los niños aprenden a abordar problemas desde múltiples ángulos y a encontrar soluciones no convencionales, desarrollando su pensamiento divergente.

Juegos de creación de historias (e.g., Rory's Story Cubes, Once Upon a Time):

- **Narración espontánea:** Estos juegos fomentan la narración espontánea y la creación de historias, lo que estimula la imaginación y la creatividad narrativa de los niños.
- **Creatividad colaborativa:** Al trabajar en conjunto para crear historias, los niños desarrollan habilidades de colaboración y creatividad, aprendiendo a construir sobre las ideas de los demás.

4. Desarrollo de la creatividad artística y visual

Juegos de arte y diseño (e.g., Pictionary, Telestrations):

- **Expresión artística:** Juegos como Pictionary permiten a los niños expresar sus ideas de manera visual, desarrollando su creatividad artística y su capacidad para comunicar visualmente.
- **Interacción visual:** Los niños aprenden a interpretar y comunicar ideas a través de imágenes, lo que estimula su pensamiento visual y su creatividad.

Juegos de moda y diseño (e.g., Fashion Design Studio, Project Runway Board Game):

- **Diseño de moda:** Estos juegos permiten a los niños explorar su creatividad en el ámbito del diseño de moda, experimentando con diferentes estilos, colores y materiales.
- **Innovación en diseño:** Los niños desarrollan su capacidad para innovar y experimentar con nuevas ideas en el diseño de moda, estimulando su creatividad y originalidad.

Los juegos de mesa que fomentan la creatividad y la imaginación son herramientas valiosas para el desarrollo integral de los niños dotados. Al participar en estos juegos, los niños tienen la oportunidad de explorar nuevas ideas, experimentar con diferentes roles y escenarios, y pensar de manera innovadora y no convencional. Estos juegos no solo proporcionan entretenimiento, sino que también desarrollan habilidades cruciales para el pensamiento creativo, la resolución de problemas y la narración, preparando a los niños para enfrentar desafíos de manera innovadora en la vida cotidiana. Incorporar juegos de mesa creativos en la educación y el tiempo libre de los niños dotados puede enriquecer significativamente su desarrollo intelectual y emocional.

Promoción de la autonomía y responsabilidad

Los juegos de mesa son excelentes herramientas para fomentar la autonomía y la responsabilidad en niños dotados. Al participar en estos juegos, los niños tienen la oportunidad de tomar decisiones independientes y asumir la responsabilidad de sus acciones, lo que contribuye significativamente al desarrollo de su autoconfianza y habilidades de toma de decisiones. A continuación, se detalla cómo los juegos de mesa promueven estas cualidades esenciales.

1. Fomento de la toma de decisiones independientes

Juegos de estrategia (e.g., Catan, Risk):

- **Elección de estrategias:** En juegos como Catan y Risk, los niños deben tomar decisiones estratégicas sobre cómo expandir su territorio, gestionar sus recursos y negociar con otros jugadores. Estas decisiones independientes fortalecen su capacidad para analizar situaciones y elegir la mejor opción.
- **Evaluación de riesgos y recompensas:** Los niños aprenden a evaluar las consecuencias de sus decisiones, considerando los riesgos y las posibles recompensas, lo que mejora su capacidad para tomar decisiones informadas y estratégicas.

Juegos de gestión de recursos (e.g., Agricola, Puerto Rico):

- **Planificación y priorización:** Estos juegos requieren que los jugadores planifiquen y prioricen sus acciones para gestionar eficazmente los recursos disponibles. Los niños aprenden a establecer metas y a desarrollar planes para alcanzarlas de manera independiente.
- **Adaptación a circunstancias cambiantes:** Los niños deben adaptarse a las circunstancias cambiantes del juego, lo que fomenta la flexibilidad y la capacidad para tomar decisiones rápidas y efectivas.

2. Asunción de la responsabilidad por las acciones

Juegos con consecuencias directas (e.g., Pandemic, Forbidden Island):

- **Responsabilidad compartida:** En juegos cooperativos como Pandemic y Forbidden Island, las decisiones de cada jugador afectan directamente al grupo. Los niños aprenden que sus acciones tienen consecuencias y

que deben asumir la responsabilidad de sus decisiones para el éxito del equipo.
- **Corrección de errores:** Los niños tienen la oportunidad de aprender de sus errores y de corregir sus acciones en futuras jugadas, lo que fomenta una actitud de responsabilidad y mejora continua.

Juegos de rol (e.g., Dungeons & Dragons, Pathfinder):

- **Desarrollo de personajes:** En los juegos de rol, los niños desarrollan y toman decisiones para sus personajes, asumiendo la responsabilidad de sus acciones dentro del contexto del juego. Esto refuerza la comprensión de la causa y efecto y la importancia de las decisiones responsables.
- **Consecuencias narrativas:** Las acciones de los personajes tienen consecuencias narrativas que afectan el desarrollo de la historia, enseñando a los niños la importancia de pensar antes de actuar y de asumir la responsabilidad de sus elecciones.

3. Desarrollo de la autonomía

Juegos de exploración y aventura (e.g., Robinson Crusoe, T.I.M.E Stories):

- **Exploración independiente:** Estos juegos permiten a los niños explorar mundos y escenarios de manera independiente, tomando decisiones sobre qué caminos seguir y cómo resolver los desafíos que encuentran.
- **Autonomía en la resolución de problemas:** Los niños aprenden a resolver problemas por sí mismos, confiando en sus habilidades y conocimientos para encontrar soluciones efectivas.

Juegos de construcción (e.g., Lego Board Games, Buildzi):

- **Creación libre:** Los juegos de construcción permiten a los niños crear estructuras y resolver problemas de manera autónoma, fomentando su creatividad y su confianza en sus propias habilidades.
- **Experimentación y aprendizaje:** Los niños tienen la libertad de experimentar con diferentes diseños y estrategias, aprendiendo de sus éxitos y fracasos en un entorno seguro y controlado.

4. Desarrollo de la autoconfianza

Reconocimiento y logros:

- **Logros personales:** Alcanzar objetivos y superar desafíos en los juegos de mesa refuerza la autoconfianza de los niños en sus habilidades. El reconocimiento de sus logros, tanto por parte del juego como de los otros jugadores, les proporciona una sensación de competencia y éxito.
- **Feedback positivo:** Los juegos de mesa a menudo proporcionan feedback inmediato sobre las decisiones de los jugadores, permitiéndoles ver los resultados de sus acciones y construir confianza en su capacidad para tomar decisiones efectivas.

Los juegos de mesa son herramientas poderosas para promover la autonomía y la responsabilidad en niños dotados. A través de la toma de decisiones independientes, la asunción de responsabilidad por sus acciones, y el desarrollo de la autoconfianza, los niños aprenden habilidades esenciales para su crecimiento personal y académico. Incorporar juegos de mesa en la educación y el tiempo libre de los niños dotados no solo proporciona entretenimiento, sino que también fomenta el desarrollo de una fuerte sensación de autonomía y responsabilidad, preparándolos mejor para enfrentar los desafíos de la vida cotidiana con confianza y eficacia.

El Juego de Monopolio

El juego de Monopolio puede ser una herramienta valiosa para el desarrollo social, emocional e intelectual de los estudiantes dotados. Este juego de estrategia financiera y negociación puede proporcionar una serie de beneficios en varias áreas clave:

Desarrollo Intelectual

1. **Pensamiento Estratégico y Planificación**:
   o **Toma de Decisiones**: Monopolio requiere que los jugadores tomen decisiones estratégicas sobre compras, ventas e inversiones. Los estudiantes dotados pueden mejorar sus habilidades de toma de decisiones analizando riesgos y beneficios.
   o **Planificación a Largo Plazo**: Los jugadores deben planificar y pensar en el futuro, considerando cómo sus decisiones actuales impactarán el juego en rondas posteriores.
2. **Habilidades Matemáticas**:
   o **Cálculos Financieros**: Los jugadores deben realizar cálculos matemáticos rápidos y precisos al manejar dinero, pagar alquileres y calcular retornos de inversión.
   o **Presupuestación**: Administrar recursos limitados y planificar gastos e ingresos ayuda a desarrollar habilidades de presupuestación y gestión financiera.
3. **Resolución de Problemas**:
   o **Solución de Conflictos**: Los jugadores enfrentan problemas y desafíos que requieren soluciones creativas y efectivas, como cómo evitar la bancarrota o cómo maximizar las ganancias.

Desarrollo Social

1. **Habilidades de Comunicación y Negociación**:
   o **Negociación**: Monopolio implica negociar con otros jugadores para intercambiar propiedades y llegar a acuerdos beneficiosos. Esto ayuda a los estudiantes dotados a mejorar sus habilidades de persuasión y comunicación.
   o **Colaboración**: A través de la negociación y el intercambio, los jugadores aprenden a colaborar y trabajar en equipo para alcanzar sus objetivos.
2. **Empatía y Comprensión de los Otros**:

- **Perspectiva de los Demás**: Interactuar con otros jugadores ayuda a los estudiantes a desarrollar empatía y a comprender diferentes perspectivas y estrategias de juego.
- **Manejo de Conflictos**: Aprender a manejar y resolver conflictos de manera constructiva durante el juego puede mejorar las habilidades interpersonales y la capacidad de lidiar con desacuerdos.

Desarrollo Emocional

1. **Gestión de la Frustración y la Paciencia**:
   - **Tolerancia a la Frustración**: Monopolio puede ser un juego largo y desafiante, donde las estrategias pueden fallar. Los estudiantes dotados pueden aprender a tolerar la frustración y manejar sus emociones cuando las cosas no salen como planeado.
   - **Paciencia y Persistencia**: El juego requiere paciencia y persistencia, enseñando a los jugadores a continuar esforzándose y adaptando sus estrategias a lo largo del tiempo.
2. **Manejo del Estrés y la Competencia**:
   - **Competencia Saludable**: Participar en un ambiente de competencia puede enseñar a los estudiantes dotados a manejar el estrés de manera saludable y a mantener una actitud positiva frente a la competencia.
   - **Aceptación del Fracaso**: Aprender a aceptar la derrota y ver los fracasos como oportunidades de aprendizaje es crucial para el desarrollo emocional.

Beneficios Adicionales

1. **Creatividad y Pensamiento Lateral**:
   - **Innovación**: La necesidad de crear estrategias y soluciones únicas fomenta la creatividad y el pensamiento lateral, habilidades que son especialmente valiosas para los estudiantes dotados.
   - **Flexibilidad Cognitiva**: Adaptarse a las circunstancias cambiantes del juego mejora la flexibilidad cognitiva y la capacidad de pensar en múltiples soluciones.
2. **Conocimientos Financieros y Económicos**:
   - **Educación Financiera**: Los conceptos de bienes raíces, inversiones, hipotecas y bancarrota que se manejan en Monopolio proporcionan una introducción práctica a la educación financiera y económica.

El juego de Monopolio ofrece una plataforma divertida y desafiante para que los estudiantes dotados desarrollen una amplia gama de habilidades intelectuales, sociales y emocionales. A través de la interacción con otros jugadores y la gestión de situaciones complejas, los estudiantes pueden mejorar su pensamiento estratégico, habilidades de comunicación, gestión emocional y comprensión financiera. Integrar juegos como Monopolio en el entorno educativo puede ser una estrategia efectiva para fomentar el desarrollo integral de los estudiantes dotados.

El Juego de Ajedrez

El ajedrez es un juego estratégico que proporciona numerosos beneficios para los estudiantes dotados en diversas áreas del desarrollo intelectual, social y emocional. A continuación, se detalla cómo el ajedrez puede ser especialmente beneficioso para estos estudiantes:

Desarrollo Intelectual

1. **Mejora del Pensamiento Crítico y Analítico**:
    - **Toma de Decisiones**: El ajedrez obliga a los jugadores a evaluar constantemente sus opciones y tomar decisiones basadas en análisis de riesgos y beneficios.
    - **Evaluación de Posiciones**: Los jugadores deben evaluar constantemente las posiciones de las piezas y planificar varios movimientos por adelantado, lo que mejora la capacidad de análisis crítico.
2. **Desarrollo de la Memoria**:
    - **Memoria Visual y Espacial**: Recordar patrones y posiciones en el tablero mejora la memoria visual y espacial.
    - **Memorización de Estrategias**: Los estudiantes dotados pueden memorizar y aplicar una variedad de aperturas, tácticas y finales de juego, mejorando la memoria a largo plazo.
3. **Habilidades de Resolución de Problemas**:
    - **Estrategia y Táctica**: Resolver problemas tácticos y estratégicos en el ajedrez ayuda a los estudiantes a desarrollar habilidades de resolución de problemas aplicables a otros contextos.
    - **Pensamiento Lateral**: Encontrar soluciones creativas y fuera de lo común es una parte fundamental del ajedrez, lo que fomenta el pensamiento lateral.
4. **Concentración y Atención**:
    - **Enfoque Prolongado**: El ajedrez requiere un alto nivel de concentración y atención sostenida durante largos periodos, mejorando la capacidad de mantener el enfoque en tareas complejas.

Desarrollo Social

1. **Habilidades de Comunicación**:

- **Discusión de Estrategias**: Participar en discusiones sobre estrategias y tácticas puede mejorar las habilidades de comunicación y el intercambio de ideas.
    - **Compartir Conocimientos**: Los estudiantes pueden enseñar y aprender entre sí, fomentando una cultura de colaboración y aprendizaje mutuo.
2. **Respeto por el Oponente**:
    - **Deportividad**: Aprender a ganar y perder con gracia enseña la importancia de la deportividad y el respeto por el oponente.
    - **Reconocer el Talento de los Demás**: Valorar y respetar las habilidades de los demás fomenta un ambiente de respeto mutuo y admiración.

Desarrollo Emocional

1. **Manejo de la Frustración y la Paciencia**:
    - **Tolerancia a la Frustración**: El ajedrez puede ser un juego frustrante, y aprender a manejar esta frustración es esencial para el desarrollo emocional.
    - **Paciencia y Persistencia**: Desarrollar la capacidad de ser paciente y persistente es crucial, ya que el ajedrez a menudo requiere tiempo y esfuerzo para lograr la victoria.
2. **Autocontrol y Disciplina**:
    - **Control de Impulsos**: El ajedrez enseña a los jugadores a pensar antes de actuar, controlando impulsos y evitando decisiones precipitadas.
    - **Disciplina en el Estudio**: El estudio y la práctica del ajedrez requieren disciplina, lo que puede traducirse en mejores hábitos de estudio y trabajo en otros ámbitos.
3. **Confianza en Uno Mismo**:
    - **Autoestima**: Mejorar y tener éxito en el ajedrez puede aumentar la autoestima y la confianza en las propias habilidades intelectuales y estratégicas.
    - **Superación Personal**: Lograr objetivos y superar desafíos en el ajedrez puede fomentar una mentalidad de crecimiento y superación personal.

Beneficios Adicionales

1. **Estimulación Intelectual Constante**:
    - **Desafíos Intelectuales**: El ajedrez ofrece desafíos intelectuales constantes, manteniendo a los estudiantes dotados mentalmente estimulados y comprometidos.

- **Aprendizaje Continuo**: El ajedrez es un juego de aprendizaje continuo, donde siempre hay nuevas estrategias y técnicas por descubrir y dominar.
2. **Desarrollo de Habilidades de Gestión del Tiempo**:
    - **Manejo del Tiempo en Partidas**: Jugar partidas con límite de tiempo enseña a los estudiantes a gestionar su tiempo de manera eficiente y a tomar decisiones bajo presión.

El ajedrez es una herramienta poderosa para el desarrollo integral de los estudiantes dotados. Proporciona un entorno desafiante y estimulante que mejora las habilidades intelectuales, sociales y emocionales. A través del ajedrez, los estudiantes dotados pueden desarrollar un pensamiento crítico y analítico avanzado, mejorar su memoria y concentración, aprender a manejar la frustración y la paciencia, y fomentar habilidades de comunicación y respeto por los demás. Integrar el ajedrez en el programa educativo de los estudiantes dotados puede ser una estrategia efectiva para potenciar su desarrollo y prepararlos para enfrentar desafíos complejos en diversos aspectos de la vida.

El Juego de RISK

Risk es un clásico juego de estrategia y conquista mundial, que desafía a los jugadores a utilizar tanto la astucia como la diplomacia para expandir sus imperios. Creado por el cineasta francés Albert Lamorisse y lanzado por primera vez en 1957, Risk ha capturado la imaginación de generaciones de jugadores con su combinación de planificación estratégica, alianzas temporales y batallas épicas.

En el juego, los participantes se enfrentan por el dominio global, moviendo ejércitos a través de continentes, fortificando territorios y lanzando ofensivas contra sus rivales. Con su dinámica de juego única y su enfoque en la táctica y el riesgo calculado, Risk sigue siendo una de las experiencias de juego de mesa más emocionantes y envolventes, atrayendo tanto a aficionados casuales como a estrategas serios.

El juego de mesa **RISK** es una excelente herramienta educativa que puede ofrecer numerosos beneficios a los niños dotados, ayudándoles a desarrollar una serie de habilidades en los ámbitos intelectual, social y emocional. Aquí se detallan estos beneficios:

Desarrollo Intelectual

1. **Pensamiento Estratégico y Táctico**:
   - **Planificación a Largo Plazo**: RISK requiere que los jugadores planifiquen estrategias a largo plazo para conquistar territorios y lograr objetivos, lo que fomenta el pensamiento estratégico y la capacidad de anticipar movimientos futuros.
   - **Adaptabilidad**: Los jugadores deben adaptarse a situaciones cambiantes, modificando sus estrategias según las acciones de los oponentes y las circunstancias del juego.
2. **Habilidades Matemáticas**:
   - **Probabilidades y Estadísticas**: El juego implica calcular probabilidades y riesgos asociados con las batallas, lo que mejora la comprensión de conceptos estadísticos y probabilísticos.
   - **Gestión de Recursos**: Administrar ejércitos y reforzar posiciones enseña a los jugadores a gestionar recursos de manera eficiente.
3. **Resolución de Problemas**:

- **Tomar Decisiones Bajo Presión**: Las decisiones estratégicas deben tomarse rápidamente y bajo presión, lo que mejora la capacidad de los niños para resolver problemas de manera efectiva y en tiempo real.

Desarrollo Social

1. **Habilidades de Comunicación y Negociación**:
   - **Alianzas y Tratos**: RISK a menudo implica formar y romper alianzas, lo que enseña a los jugadores habilidades de negociación, persuasión y diplomacia.
   - **Resolución de Conflictos**: Aprender a negociar y resolver conflictos con otros jugadores es una parte integral del juego, lo que mejora las habilidades sociales y de comunicación.
2. **Trabajo en Equipo y Competencia Saludable**:
   - **Colaboración**: Aunque RISK es un juego competitivo, a veces requiere que los jugadores colaboren temporalmente para superar a un oponente fuerte, enseñando la importancia del trabajo en equipo.
   - **Espíritu Competitivo**: Participar en un entorno competitivo puede enseñar a los niños a manejar la competencia de manera saludable y a aprender tanto de las victorias como de las derrotas.

Desarrollo Emocional

1. **Manejo de la Frustración y la Paciencia**:
   - **Resiliencia**: Las pérdidas y contratiempos son comunes en RISK, y los jugadores deben aprender a recuperarse y seguir adelante, desarrollando resiliencia y tolerancia a la frustración.
   - **Paciencia**: El juego puede ser largo y desafiante, enseñando a los niños la importancia de la paciencia y la perseverancia.
2. **Autocontrol y Disciplina**:
   - **Control Emocional**: Los jugadores deben mantener la calma y el autocontrol, incluso en situaciones tensas o desfavorables, lo que ayuda a desarrollar habilidades de gestión emocional.
   - **Disciplina Estratégica**: Mantenerse enfocado en una estrategia a largo plazo, en lugar de hacer movimientos impulsivos, enseña la importancia de la disciplina y el autocontrol.
3. **Confianza en Uno Mismo**:
   - **Autoestima**: El éxito en el juego puede aumentar la confianza en las propias habilidades intelectuales y estratégicas, mejorando la autoestima.

- **Autonomía y Toma de Decisiones**: Tomar decisiones independientes y ver los resultados de esas decisiones en el juego puede fomentar un sentido de autonomía y confianza en la toma de decisiones.

Beneficios Adicionales

1. **Desarrollo de la Imaginación y la Creatividad**:
   - **Contexto Histórico y Geográfico**: RISK puede despertar el interés por la historia y la geografía, ya que los jugadores aprenden sobre diferentes regiones del mundo y sus relaciones geopolíticas.
   - **Pensamiento Creativo**: Crear estrategias únicas y resolver problemas de manera innovadora fomenta la creatividad y el pensamiento lateral.
2. **Habilidades de Gestión del Tiempo**:
   - **Planificación y Organización**: Los jugadores deben planificar sus movimientos y gestionar su tiempo de juego de manera efectiva, lo que mejora las habilidades de organización y planificación.

Este juego proporciona una plataforma rica y desafiante para que los niños dotados desarrollen una amplia gama de habilidades intelectuales, sociales y emocionales. A través del juego, los niños pueden mejorar su pensamiento estratégico y táctico, desarrollar habilidades matemáticas y de resolución de problemas, y aprender valiosas lecciones sobre negociación, trabajo en equipo y competencia saludable. Además, RISK ayuda a los niños a desarrollar resiliencia, paciencia, autocontrol y confianza en sí mismos. Integrar RISK en el entorno educativo o en las actividades recreativas de los niños dotados puede ser una estrategia efectiva para potenciar su desarrollo integral y prepararlos para enfrentar desafíos complejos en diversos aspectos de la vida.

El juego de SCRABBLE

Scrabble es un juego de mesa clásico que involucra la formación de palabras mediante la colocación de fichas con letras sobre un tablero especial. Es muy popular en todo el mundo y se juega tanto de manera casual como competitiva.

El juego de **Scrabble** es una herramienta educativa versátil que ofrece numerosos beneficios para los estudiantes dotados, potenciando su desarrollo en áreas intelectuales, sociales y emocionales. Aquí se detallan estos beneficios:

Desarrollo Intelectual

1. **Mejora del Vocabulario y Conocimientos Lingüísticos**:
    - **Expansión del Vocabulario**: Scrabble desafía a los jugadores a encontrar y utilizar palabras nuevas, lo que aumenta su vocabulario y comprensión del lenguaje.
    - **Ortografía y Gramática**: El juego ayuda a mejorar la ortografía y la comprensión de las reglas gramaticales, ya que los jugadores deben asegurarse de que las palabras jugadas sean correctas.
2. **Habilidades Cognitivas**:
    - **Pensamiento Crítico y Creativo**: Los jugadores deben pensar críticamente y de manera creativa para formar palabras a partir de un conjunto limitado de letras, optimizando su puntuación.
    - **Memoria**: Recordar palabras, sus significados y cómo se escriben mejora la memoria a corto y largo plazo.
3. **Habilidades Matemáticas y Estratégicas**:
    - **Cálculos y Estrategia**: Los jugadores deben calcular puntos y planificar movimientos estratégicos para maximizar su puntuación, lo que mejora las habilidades matemáticas y de planificación.
    - **Gestión de Recursos**: El uso eficiente de las letras disponibles enseña a los jugadores a gestionar recursos limitados de manera efectiva.

Desarrollo Social

1. **Habilidades de Comunicación**:
    - **Interacción Verbal**: Jugar Scrabble implica comunicación constante entre los jugadores, mejorando las habilidades de interacción verbal y el intercambio de ideas.

- **Discusión y Debate**: Discutir sobre la validez de las palabras y las reglas del juego fomenta habilidades de debate y argumentación.
2. **Trabajo en Equipo y Competencia Saludable**:
    - **Cooperación**: En juegos de equipo, los jugadores deben cooperar y trabajar juntos para formar las mejores palabras posibles.
    - **Competencia Saludable**: Participar en un entorno competitivo enseña a los niños a manejar la competencia de manera saludable, aprendiendo tanto de las victorias como de las derrotas.

Desarrollo Emocional

1. **Manejo de la Frustración y la Paciencia**:
    - **Resiliencia**: Scrabble puede ser desafiante y frustrante en ocasiones, y los jugadores deben aprender a manejar la frustración y continuar esforzándose.
    - **Paciencia**: Esperar el turno y planificar cuidadosamente los movimientos enseña a los jugadores la importancia de la paciencia.
2. **Autocontrol y Disciplina**:
    - **Control Emocional**: Los jugadores deben mantener la calma y el autocontrol, incluso cuando las cosas no salen como esperaban, lo que ayuda a desarrollar habilidades de gestión emocional.
    - **Disciplina en el Estudio**: La preparación y el estudio de nuevas palabras y estrategias requieren disciplina, lo que puede traducirse en mejores hábitos de estudio en otros ámbitos.
3. **Confianza en Uno Mismo**:
    - **Autoestima**: Mejorar y tener éxito en Scrabble puede aumentar la confianza en las propias habilidades lingüísticas y estratégicas, mejorando la autoestima.
    - **Autonomía y Toma de Decisiones**: Tomar decisiones independientes y ver los resultados de esas decisiones en el juego puede fomentar un sentido de autonomía y confianza en la toma de decisiones.

Beneficios Adicionales

1. **Desarrollo de la Imaginación y la Creatividad**:
    - **Innovación**: Encontrar palabras creativas y únicas fomenta la imaginación y la creatividad.

- **Juego de Palabras**: Jugar con las palabras y sus significados puede despertar un interés más profundo por la literatura y la lingüística.
2. **Educación Continua**:
    - **Aprendizaje Constante**: Scrabble es un juego de aprendizaje continuo, donde siempre hay nuevas palabras y estrategias por descubrir y dominar.

Scrabble proporciona una plataforma enriquecedora para que los estudiantes dotados desarrollen una amplia gama de habilidades intelectuales, sociales y emocionales. A través del juego, los estudiantes pueden mejorar su vocabulario, ortografía, habilidades matemáticas, pensamiento crítico y creativo. Además, Scrabble fomenta la interacción social, la cooperación y la competencia saludable, mientras enseña importantes lecciones sobre resiliencia, paciencia, autocontrol y confianza en sí mismos.

El juego: Connect Four

Connect Four es un juego de mesa clásico que puede ser muy beneficioso para el desarrollo de habilidades en estudiantes dotados. A continuación, se detallan los beneficios del juego en términos de desarrollo intelectual, social y emocional.

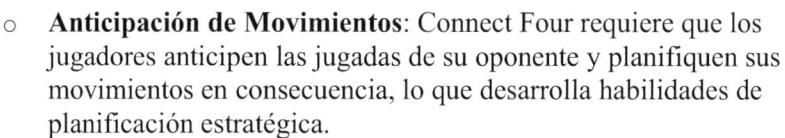

Desarrollo Intelectual

1. **Pensamiento Estratégico y Planificación**
   - **Anticipación de Movimientos**: Connect Four requiere que los jugadores anticipen las jugadas de su oponente y planifiquen sus movimientos en consecuencia, lo que desarrolla habilidades de planificación estratégica.
   - **Identificación de Patrones**: Los jugadores deben reconocer y crear patrones, lo que ayuda a mejorar su capacidad de identificar y analizar patrones complejos.
2. **Resolución de Problemas**
   - **Tomar Decisiones Bajo Presión**: El juego implica tomar decisiones rápidas y efectivas, mejorando las habilidades de resolución de problemas y la capacidad de pensar críticamente bajo presión.
   - **Evaluación de Opciones**: Los jugadores deben evaluar múltiples opciones antes de decidir dónde colocar su ficha, fomentando el pensamiento crítico y la evaluación de riesgos y beneficios.
3. **Habilidades Matemáticas y Espaciales**
   - **Comprensión Espacial**: Colocar fichas en un tablero y prever el resultado de las jugadas futuras ayuda a desarrollar habilidades espaciales y de visualización.
   - **Contar y Predecir**: El juego involucra contar y predecir posibles combinaciones ganadoras, lo que puede mejorar las habilidades matemáticas básicas.

Desarrollo Social

1. **Habilidades de Comunicación**
   - **Interacción Verbal**: Jugar Connect Four proporciona oportunidades para la interacción verbal, mejorando las habilidades de comunicación y el intercambio de ideas.

- **Discusión de Estrategias**: Los jugadores pueden discutir y compartir estrategias, lo que fomenta el diálogo constructivo y el aprendizaje colaborativo.
2. **Trabajo en Equipo y Competencia Saludable**
    - **Colaboración y Cooperación**: Jugar en un entorno amigable y colaborativo enseña a los niños a cooperar y respetar las habilidades y estrategias de los demás.
    - **Espíritu Competitivo**: Participar en un entorno competitivo enseña a los niños a manejar la competencia de manera saludable, aprendiendo tanto de las victorias como de las derrotas.

Desarrollo Emocional

1. **Manejo de la Frustración y la Paciencia**
    - **Resiliencia**: Connect Four puede ser desafiante y frustrante en ocasiones, y los jugadores deben aprender a manejar la frustración y continuar esforzándose.
    - **Paciencia**: Esperar el turno y planificar cuidadosamente los movimientos enseña a los jugadores la importancia de la paciencia.
2. **Autocontrol y Disciplina**
    - **Control Emocional**: Los jugadores deben mantener la calma y el autocontrol, incluso cuando las cosas no salen como esperaban, lo que ayuda a desarrollar habilidades de gestión emocional.
    - **Disciplina Estratégica**: Mantenerse enfocado en una estrategia a largo plazo, en lugar de hacer movimientos impulsivos, enseña la importancia de la disciplina y el autocontrol.
3. **Confianza en Uno Mismo**
    - **Autoestima**: Mejorar y tener éxito en Connect Four puede aumentar la confianza en las propias habilidades estratégicas y de resolución de problemas, mejorando la autoestima.
    - **Autonomía y Toma de Decisiones**: Tomar decisiones independientes y ver los resultados de esas decisiones en el juego puede fomentar un sentido de autonomía y confianza en la toma de decisiones.

Beneficios Adicionales

1. **Desarrollo de la Imaginación y la Creatividad**
    - **Innovación**: Crear estrategias únicas y resolver problemas de manera innovadora fomenta la creatividad y el pensamiento lateral.

2. **Educación Continua**
   - **Aprendizaje Constante**: Connect Four es un juego de aprendizaje continuo, donde siempre hay nuevas estrategias y tácticas por descubrir y dominar.

Este es un juego de mesa simple pero profundamente estratégico que puede proporcionar una plataforma enriquecedora para el desarrollo integral de los estudiantes dotados. A través del juego, los estudiantes pueden mejorar sus habilidades intelectuales, sociales y emocionales. El juego enseña a anticipar movimientos, planificar estrategias, resolver problemas, y manejar la frustración y la competencia. Integrar Connect Four en el entorno educativo o en las actividades recreativas de los estudiantes dotados puede ser una estrategia efectiva para potenciar su desarrollo integral y prepararlos para enfrentar desafíos complejos en diversos aspectos de la vida.

El Juego Ticket to Ride

Ticket to Ride es un popular juego de mesa que puede ofrecer numerosos beneficios para los estudiantes dotados. A continuación, se detallan estos beneficios en términos de desarrollo intelectual, social y emocional:

Desarrollo Intelectual

1. **Pensamiento Estratégico y Planificación**
    - **Planificación a Largo Plazo**: Los jugadores deben planificar sus rutas con anticipación para completar los objetivos y maximizar sus puntos, lo que fomenta el pensamiento estratégico.
    - **Gestión de Recursos**: Administrar cartas y elegir rutas óptimas requiere una gestión eficiente de recursos, mejorando la capacidad de tomar decisiones estratégicas.
2. **Habilidades de Resolución de Problemas**
    - **Adaptabilidad**: Los jugadores deben adaptarse a los movimientos de los oponentes y ajustar sus planes en consecuencia, lo que mejora la capacidad de resolver problemas en situaciones cambiantes.
    - **Evaluación de Opciones**: Evaluar diferentes rutas y estrategias para alcanzar los destinos más eficientemente enseña a los jugadores a considerar múltiples opciones y sus consecuencias.
3. **Habilidades Matemáticas y Espaciales**
    - **Cálculos y Puntuaciones**: Calcular la mejor manera de usar las cartas y las rutas para maximizar puntos mejora las habilidades matemáticas básicas.
    - **Comprensión Espacial**: Visualizar y planificar rutas en el mapa mejora la comprensión espacial y la capacidad de visualizar patrones y conexiones.

Desarrollo Social

1. **Habilidades de Comunicación**
    - **Interacción Verbal**: Jugar Ticket to Ride proporciona oportunidades para la interacción verbal y el intercambio de ideas, mejorando las habilidades de comunicación.
    - **Discusión y Colaboración**: Discutir estrategias y planes con otros jugadores puede fomentar la colaboración y el aprendizaje mutuo.
2. **Trabajo en Equipo y Competencia Saludable**

- **Cooperación**: Aunque es un juego competitivo, a veces se requiere cooperación y negociación para evitar conflictos en el tablero.
- **Espíritu Competitivo**: Participar en un entorno competitivo enseña a los niños a manejar la competencia de manera saludable, aprendiendo tanto de las victorias como de las derrotas.

Desarrollo Emocional

1. **Manejo de la Frustración y la Paciencia**
    - **Resiliencia**: Ticket to Ride puede ser desafiante y frustrante en ocasiones, y los jugadores deben aprender a manejar la frustración y seguir esforzándose.
    - **Paciencia**: Esperar el turno y planificar cuidadosamente las jugadas enseña a los jugadores la importancia de la paciencia.
2. **Autocontrol y Disciplina**
    - **Control Emocional**: Mantener la calma y el autocontrol durante el juego, incluso cuando las cosas no salen como esperaban, ayuda a desarrollar habilidades de gestión emocional.
    - **Disciplina Estratégica**: Mantenerse enfocado en una estrategia a largo plazo, en lugar de hacer movimientos impulsivos, enseña la importancia de la disciplina y el autocontrol.
3. **Confianza en Uno Mismo**
    - **Autoestima**: Mejorar y tener éxito en Ticket to Ride puede aumentar la confianza en las propias habilidades estratégicas y de resolución de problemas.
    - **Autonomía y Toma de Decisiones**: Tomar decisiones independientes y ver los resultados de esas decisiones en el juego puede fomentar un sentido de autonomía y confianza en la toma de decisiones.

Beneficios Adicionales

1. **Desarrollo de la Imaginación y la Creatividad**
    - **Innovación**: Crear estrategias únicas y resolver problemas de manera innovadora fomenta la creatividad y el pensamiento lateral.
    - **Exploración Geográfica**: El juego puede despertar el interés por la geografía y la historia de las diferentes regiones del mapa, fomentando la curiosidad y el aprendizaje continuo.
2. **Educación Continua**

- **Aprendizaje Constante**: Ticket to Ride es un juego de aprendizaje continuo, donde siempre hay nuevas estrategias y tácticas por descubrir y dominar.

Ticket to Ride es un juego de mesa que ofrece una plataforma rica y desafiante para el desarrollo integral de los estudiantes dotados. A través del juego, los estudiantes pueden mejorar sus habilidades intelectuales, sociales y emocionales. El juego enseña planificación estratégica, gestión de recursos, resolución de problemas, y fomenta la interacción social y la competencia saludable. Además, ayuda a desarrollar resiliencia, paciencia, autocontrol y confianza en sí mismos.

El Juego: Rummikub

Rummikub es un juego de mesa que combina estrategia y habilidades matemáticas, y ofrece varios beneficios para los estudiantes dotados en términos de desarrollo intelectual, social y emocional. A continuación, se detallan estos beneficios:

Desarrollo Intelectual

1. **Habilidades Matemáticas**
   - **Cálculo Numérico**: Rummikub requiere que los jugadores realicen cálculos rápidos y precisos para formar y modificar grupos de números.
   - **Pensamiento Numérico**: Los jugadores deben desarrollar un sentido numérico agudo para evaluar las combinaciones posibles y maximizar su puntuación.
2. **Pensamiento Estratégico**
   - **Planificación de Jugadas**: Para ganar, los jugadores deben planificar sus jugadas con anticipación, considerando las posibles respuestas de los oponentes y adaptando su estrategia en consecuencia.
   - **Anticipación de Movimientos**: Se fomenta la habilidad de anticipar y prever las jugadas futuras, lo que desarrolla el pensamiento estratégico y la capacidad de prever consecuencias.
3. **Resolución de Problemas**
   - **Adaptabilidad**: Rummikub presenta situaciones cambiantes donde los jugadores deben adaptar su estrategia según las fichas disponibles y la dinámica del juego.
   - **Estrategias Alternativas**: Los jugadores deben desarrollar habilidades para encontrar y ejecutar estrategias alternativas cuando su plan inicial no funcione.

Desarrollo Social

1. **Interacción Social**
   - **Comunicación**: Jugar Rummikub fomenta la comunicación entre los jugadores, ya sea para negociar jugadas, discutir estrategias o simplemente socializar durante el juego.
   - **Colaboración y Competencia**: Aunque es un juego competitivo, puede requerir cooperación ocasional para bloquear a otros jugadores o formar combinaciones beneficiosas.

2. **Trabajo en Equipo y Competencia Saludable**
   - **Espíritu Competitivo**: Participar en un entorno competitivo enseña a los niños a manejar la competencia de manera saludable, aprendiendo de las victorias y derrotas.
   - **Colaboración Estratégica**: En juegos de equipo, los jugadores deben colaborar estratégicamente para maximizar sus oportunidades de ganar, fomentando habilidades de trabajo en equipo.

Desarrollo Emocional

1. **Manejo de la Frustración y la Paciencia**
   - **Resiliencia**: Rummikub puede ser desafiante y frustrante, especialmente cuando las jugadas no salen como se planea. Los jugadores aprenden a manejar la frustración y a seguir adelante.
   - **Paciencia**: Esperar el turno y planificar cuidadosamente las jugadas enseña a los jugadores la importancia de la paciencia y la persistencia.

2. **Autocontrol y Disciplina**
   - **Control Emocional**: Mantener la calma y el autocontrol durante el juego, incluso en situaciones competitivas, ayuda a desarrollar habilidades de gestión emocional.
   - **Disciplina Estratégica**: Mantenerse enfocado en una estrategia a largo plazo, en lugar de hacer movimientos impulsivos, enseña la importancia de la disciplina y el autocontrol.

Beneficios Adicionales

1. **Desarrollo de la Creatividad y la Innovación**
   - **Creatividad en las Jugadas**: Los jugadores pueden explorar diferentes combinaciones y formas de utilizar las fichas, fomentando la creatividad y el pensamiento innovador.
   - **Innovación Estratégica**: Desarrollar nuevas estrategias y adaptarse a las circunstancias cambiantes del juego promueve la innovación y la capacidad de pensar fuera de lo común.

2. **Educación Continua**
   - **Aprendizaje Constante**: Rummikub es un juego de aprendizaje continuo, donde siempre hay nuevas estrategias y tácticas por descubrir y dominar.

Rummikub es un juego de mesa que ofrece una combinación única de desafíos estratégicos y matemáticos, junto con oportunidades para la interacción social y el desarrollo emocional. A través del juego, los estudiantes dotados pueden mejorar sus habilidades matemáticas, desarrollar estrategias avanzadas, fortalecer su capacidad de resolver problemas y aprender a manejar la competencia de manera saludable. Integrar Rummikub en el entorno educativo o en las actividades recreativas puede ser una excelente manera de estimular el desarrollo integral de los estudiantes dotados y prepararlos para enfrentar desafíos intelectuales y sociales en diversos aspectos de la vida.

El Juego: SPOT IT

El juego "Spot It!" o "Dobble", conocido por su sencillez y dinamismo, es una herramienta lúdica que ha ganado popularidad tanto en entornos recreativos como educativos. Este juego de cartas desafía a los jugadores a identificar rápidamente el símbolo común entre dos cartas, fomentando una competencia rápida y divertida. Para los estudiantes dotados, cuya capacidad intelectual y creatividad a menudo superan los estándares típicos, ¡"Spot It!" ofrece una serie de beneficios que van más allá del simple entretenimiento. Este juego no solo proporciona un medio para canalizar su energía y agudeza mental, sino que también contribuye significativamente a su desarrollo cognitivo y emocional en varios aspectos.

¡Beneficios de Jugar "Spot It!" para el Estudiante Dotado

1. **Desarrollo de Habilidades Cognitivas Avanzadas**: "Spot It!" requiere que los jugadores utilicen habilidades de percepción visual y velocidad de procesamiento, lo que resulta particularmente beneficioso para los estudiantes dotados. Estas habilidades les ayudan a mejorar su capacidad para identificar patrones y detalles rápidamente, habilidades cruciales en tareas académicas avanzadas.

2. **Mejora de la Atención y Concentración**: La necesidad de encontrar el símbolo común en el menor tiempo posible obliga a los estudiantes a enfocarse intensamente en las cartas, mejorando su capacidad de atención y concentración. Este ejercicio es especialmente útil para los dotados, quienes a menudo pueden distraerse debido a su mente rápida y curiosa.

3. **Fomento del Pensamiento Crítico y Resolución de Problemas**: Aunque el juego parece simple, requiere un pensamiento estratégico y habilidades para resolver problemas, ya que los jugadores deben decidir rápidamente cuál es el símbolo común. Esta práctica fortalece el pensamiento crítico y la toma de decisiones en situaciones de presión.

4. **Desarrollo de Habilidades Sociales**: ¡A pesar de su naturaleza competitiva, "Spot It!" puede ser una actividad socialmente enriquecedora. Permite a los estudiantes dotados interactuar con sus pares de manera divertida y relajada, mejorando sus habilidades de

comunicación y cooperación.

5. **Reducción del Estrés y la Ansiedad**: ¡La simplicidad y el ritmo rápido de "Spot It!" pueden proporcionar una distracción agradable del estrés académico y la presión que a menudo sienten los estudiantes dotados. El juego ofrece una oportunidad para relajarse y disfrutar, lo cual es vital para su bienestar emocional.

"Spot It!" es mucho más que un juego de cartas. Para los estudiantes dotados, representa una herramienta valiosa que puede potenciar sus habilidades cognitivas, mejorar su enfoque y concentración, fomentar el pensamiento crítico, desarrollar habilidades sociales y reducir el estrés. ¡Incorporar juegos como "Spot It!" en el entorno educativo puede ser una estrategia eficaz para apoyar el desarrollo integral de los estudiantes dotados, permitiéndoles alcanzar su máximo potencial en un ambiente lúdico y estimulante.

El Juego: SET

El Juego SET es un popular juego de cartas que se ha utilizado tanto en entornos educativos como en actividades recreativas. Este juego es especialmente beneficioso para estudiantes dotados debido a las habilidades cognitivas que fomenta. A continuación, se describen el juego y sus beneficios:

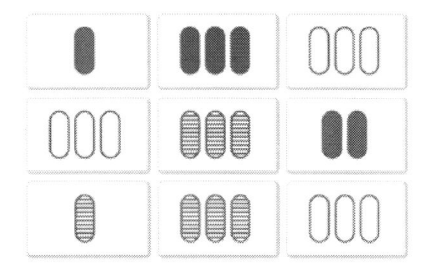

El Juego SET consta de un mazo de 81 cartas, cada una con cuatro características diferentes:

1. **Forma**: óvalo, diamante o "squiggle".
2. **Color**: rojo, verde o púrpura.
3. **Número**: uno, dos o tres símbolos.
4. **Sombra**: sólido, rayado o hueco.

El objetivo del juego es encontrar "sets" de tres cartas en las que cada característica, considerada individualmente, sea completamente igual o diferente en las tres cartas. Los jugadores intentan identificar sets en una matriz de 12 cartas dispuestas sobre la mesa.

Beneficios del Juego SET para Estudiantes Dotados

1. **Desarrollo del Pensamiento Lógico y Matemático**:
   o **Análisis de Patrones**: Los estudiantes deben identificar y analizar patrones, una habilidad crucial en las matemáticas y la lógica.
   o **Resolución de Problemas**: La búsqueda de sets implica resolver problemas y desarrollar estrategias, mejorando así la capacidad de resolución de problemas.

2. **Mejora de la Atención y la Concentración**:
   o **Atención al Detalle**: Los jugadores deben observar cuidadosamente las características de las cartas, lo que mejora la atención al detalle y la capacidad de concentración.
   o **Velocidad de Procesamiento**: Encontrar sets rápidamente requiere un procesamiento mental rápido y eficiente.

3. **Estimulación Cognitiva**:

- **Pensamiento Abierto y Flexible**: El juego requiere pensar de manera abierta y flexible, adaptándose a las diferentes combinaciones posibles.
- **Creatividad**: La necesidad de encontrar soluciones novedosas y diversas fomenta la creatividad.

4. **Mejora de las Habilidades Sociales y Emocionales**:
   - **Colaboración y Competencia Saludable**: Jugar en grupo promueve la colaboración y la competencia saludable.
   - **Manejo de la Frustración**: Aprender a manejar la frustración cuando no se encuentran sets rápidamente o cuando otros jugadores los encuentran primero.

5. **Fomento del Interés por las Matemáticas y la Ciencia**:
   - **Aplicación de Conceptos Matemáticos**: El juego incorpora conceptos de conjuntos y combinatoria, despertando el interés por las matemáticas.
   - **Curiosidad Científica**: La naturaleza lógica del juego puede despertar la curiosidad por otros campos científicos y matemáticos.

6. **Desarrollo de la Metacognición**:
   - **Reflexión sobre el Pensamiento**: Los estudiantes aprenden a reflexionar sobre sus propios procesos de pensamiento, mejorando así la metacognición.

Implementación en el salón de clase

1. **Actividades Individuales y Grupales**: Se puede utilizar en actividades tanto individuales como grupales, promoviendo diferentes tipos de interacción y aprendizaje.
2. **Competencias y Retos**: Organizar competencias o retos puede motivar a los estudiantes y fomentar un aprendizaje más profundo.
3. **Integración Curricular**: Integrar el juego en el currículo de matemáticas o lógica puede hacer que las lecciones sean más dinámicas y atractivas.

El Juego SET es una herramienta valiosa para el desarrollo cognitivo y social de los estudiantes dotados. Su implementación en el aula puede proporcionar un enriquecimiento significativo, haciendo que el aprendizaje sea tanto divertido como desafiante.

El Juego: PERFECTION

PERFECTION es un popular juego de mesa diseñado para desafiar la agilidad mental y la destreza manual de los jugadores. Lanzado por primera vez en la década de 1970, este juego consiste en colocar una serie de formas geométricas en sus correspondientes huecos en un tablero antes de que se acabe el tiempo y el tablero haga saltar todas las piezas, añadiendo un elemento de tensión y emoción. Con su enfoque en la velocidad, la precisión y el reconocimiento de patrones, PERFECTION no solo proporciona entretenimiento, sino que también promueve el desarrollo de habilidades cognitivas y motoras. Su diseño sencillo pero efectivo lo convierte en una herramienta ideal tanto para la diversión familiar como para actividades educativas, ofreciendo un reto continuo que puede ser disfrutado por niños y adultos por igual.

El juego PERFECTION puede ser muy beneficioso para un niño dotado en varias maneras:

1. **Desarrollo Cognitivo**:
   - **Razonamiento Espacial**: PERFECTION requiere que los jugadores identifiquen y coloquen formas en sus respectivos espacios en un tiempo limitado. Esto ayuda a mejorar las habilidades de razonamiento espacial, que son esenciales para la resolución de problemas complejos.
   - **Memoria y Atención**: El juego desafía a los niños a recordar la ubicación de las piezas y a concentrarse en completar la tarea antes de que se acabe el tiempo, lo cual puede mejorar la memoria a corto plazo y la capacidad de atención.

2. **Manejo del Tiempo y Estrategia**:
   - **Planificación y Gestión del Tiempo**: Los niños deben planificar y gestionar su tiempo de manera efectiva para completar el juego antes de que se acabe el tiempo. Esto puede ayudarles a desarrollar habilidades de planificación y gestión del tiempo, útiles en tareas académicas y proyectos más complejos.
   - **Toma de Decisiones Rápidas**: La necesidad de tomar decisiones rápidas para colocar las piezas en el tiempo limitado fomenta la agilidad mental y la capacidad de tomar decisiones bajo presión.

3. **Habilidades Motoras Finas**:
   o **Coordinación Mano-Ojo**: Manipular las piezas y colocarlas en sus respectivos lugares mejora la coordinación mano-ojo y las habilidades motoras finas.
   o **Destreza Manual**: La manipulación de pequeñas piezas y su colocación precisa puede mejorar la destreza manual y la precisión en movimientos pequeños.

4. **Desarrollo Emocional y Social**:
   o **Manejo de la Frustración**: El juego puede ser desafiante, lo que ayuda a los niños a aprender a manejar la frustración y la resiliencia cuando no logran completar el juego a tiempo.
   o **Trabajo en Equipo**: Jugando con otros niños, pueden aprender a trabajar en equipo, compartir estrategias y cooperar para completar el desafío juntos.

5. **Estimulación Creativa y Diversión**:
   o **Creatividad**: Aunque el juego tiene reglas específicas, los niños pueden inventar sus propias variaciones y desafíos, estimulando la creatividad.
   o **Diversión y Motivación**: La naturaleza lúdica del juego mantiene a los niños motivados y comprometidos, haciendo que el aprendizaje sea una experiencia divertida.

Jugando PERFECTION puede ayudar a los niños dotados a desarrollar una amplia gama de habilidades cognitivas, motoras, emocionales y sociales, al tiempo que les proporciona una actividad estimulante y entretenida.

El juego: BLOKUS

Blokus es un juego de estrategia abstracta diseñado por Bernard Tavitian y publicado por primera vez en el año 2000. El juego es adecuado para 2 a 4 jugadores y se juega en un tablero de 400 cuadrados (20x20). Los jugadores tienen 21 piezas de diferentes formas, todas basadas en la geometría de los pentominós. El objetivo del juego es colocar todas tus piezas en el tablero siguiendo ciertas reglas de colocación: las piezas del mismo color solo pueden tocarse en las esquinas, pero no pueden tocarse por los lados.

Beneficios de Blokus para estudiantes dotados

1. **Desarrollo del pensamiento estratégico**:
    - Blokus requiere que los jugadores piensen varios movimientos adelante, anticipen las acciones de sus oponentes y desarrollen estrategias a largo plazo. Esto fomenta el pensamiento crítico y la planificación estratégica.
2. **Mejora de habilidades espaciales**:
    - El juego implica una fuerte componente visual y espacial, ya que los jugadores deben visualizar cómo encajarán sus piezas en el tablero y cómo bloquearán a sus oponentes. Esto ayuda a mejorar las habilidades espaciales y la capacidad de visualización en 3D.
3. **Fomenta la creatividad y la resolución de problemas**:
    - Dado que las piezas tienen formas irregulares y hay múltiples maneras de colocarlas en el tablero, los jugadores deben ser creativos en sus enfoques y resolver problemas de colocación de formas de manera eficiente.
4. **Estimulación cognitiva**:
    - Los estudiantes dotados a menudo buscan desafíos intelectuales. Blokus ofrece un reto que requiere concentración y reflexión profunda, lo cual puede ser muy estimulante para ellos.
5. **Desarrollo de habilidades sociales**:
    - Jugar Blokus en grupo fomenta la interacción social y la cooperación, ya que los jugadores deben negociar espacio en el tablero y adaptarse a las jugadas de los demás. Esto puede ser especialmente beneficioso para estudiantes dotados que a veces pueden tener dificultades en el ámbito social.

6. **Flexibilidad cognitiva**:
   - El juego exige a los jugadores que cambien sus estrategias en respuesta a las jugadas de sus oponentes. Esta necesidad de adaptarse constantemente puede ayudar a los estudiantes a desarrollar flexibilidad cognitiva y adaptabilidad.

Implementación en el aula

1. **Actividades grupales**:
   - Organizar torneos o sesiones de juego regular en clase para fomentar la cooperación y la competencia sana entre los estudiantes.
2. **Desafíos individuales**:
   - Plantear desafíos específicos, como colocar la mayor cantidad de piezas posibles en una sección limitada del tablero, para trabajar habilidades de resolución de problemas de forma individual.
3. **Integración con otras materias**:
   - Blokus puede ser usado para complementar lecciones de matemáticas, especialmente en temas relacionados con geometría y formas.

Blokus es una herramienta valiosa para educadores que buscan maneras de desafiar y comprometer a estudiantes dotados. Al combinar elementos de estrategia, habilidades espaciales y resolución de problemas, Blokus puede contribuir significativamente al desarrollo intelectual y social de estos estudiantes.

Conclusión sobre Juegos de Mesa

En el ámbito educativo, los juegos de mesa han demostrado ser herramientas poderosas para el desarrollo integral de los estudiantes, particularmente en aquellos dotados con capacidades intelectuales excepcionales. Estos juegos no solo proporcionan entretenimiento, sino que también fomentan habilidades cognitivas, sociales y emocionales cruciales para el crecimiento personal y académico. Este ensayo analiza los beneficios específicos que los juegos de mesa ofrecen a los estudiantes dotados, destacando su impacto en el pensamiento crítico, la creatividad, las habilidades sociales y la motivación académica.

Los juegos de mesa son efectivos para el desarrollo cognitivo de los estudiantes dotados. Juegos de estrategia como "Ajedrez" o "Risk" requieren que los jugadores piensen varios pasos adelante, anticipen las acciones de sus oponentes y formulen planes complejos. Estas actividades refuerzan habilidades como la planificación estratégica, la toma de decisiones y la resolución de problemas. Además, juegos que involucran matemáticas y lógica, como "Sudoku" o "Set", pueden desafiar y expandir las habilidades numéricas y de razonamiento de los estudiantes dotados, permitiéndoles aplicar sus capacidades en contextos nuevos y estimulantes.

La creatividad es otra área donde los juegos de mesa pueden tener un impacto significativo. Juegos como "Dixit" o "Pictionary" requieren que los jugadores interpreten imágenes abstractas o dibujen conceptos de manera rápida, estimulando la imaginación y la innovación. Los juegos en donde se asumen roles, permiten a los estudiantes dotados crear personajes, desarrollar historias y resolver problemas dentro de un mundo ficticio, promoviendo la creatividad narrativa y el pensamiento fuera de lo convencional. Estas experiencias no solo fomentan la creatividad, sino que también ayudan a los estudiantes a desarrollar habilidades de comunicación y expresión artística.

Los juegos de mesa proporcionan un entorno perfecto para que los estudiantes dotados desarrollen y practiquen habilidades sociales. Juegos como "Monopoly" requieren colaboración, negociación y competencia amigable, permitiendo a los estudiantes aprender a trabajar en equipo, respetar las reglas y manejar tanto la victoria como la derrota de manera constructiva. Estas interacciones son esenciales para el desarrollo de la inteligencia emocional, la empatía y las habilidades de liderazgo. Además, los juegos de mesa pueden ser una vía para que los estudiantes dotados, quienes a menudo pueden sentirse aislados debido a sus diferencias intelectuales, se conecten con sus pares y construyan relaciones significativas.

El uso de juegos de mesa en el ámbito educativo puede aumentar la motivación académica de los estudiantes dotados. Juegos educativos específicos, como "Scrabble" para el vocabulario o juegos de trivia para el conocimiento general, pueden hacer que el aprendizaje sea divertido y atractivo. Estos juegos proporcionan una forma lúdica de reforzar y aplicar los conocimientos adquiridos en el aula, haciendo que los estudiantes se sientan más motivados y comprometidos con su aprendizaje. Además, la naturaleza competitiva de muchos juegos de mesa puede estimular el deseo de mejorar y alcanzar logros, reforzando la autoestima y la autoconfianza.

Los juegos de mesa ofrecen una variedad de beneficios significativos para el desarrollo de los estudiantes dotados. Al promover el pensamiento crítico, la creatividad, las habilidades sociales y la motivación académica, estos juegos se convierten en herramientas valiosas para el crecimiento integral de estos estudiantes. Al integrar los juegos de mesa en el entorno educativo y familiar, se puede proporcionar a los estudiantes dotados un medio divertido y efectivo para desarrollar sus capacidades y alcanzar su máximo potencial.

Existen numerosos juegos de mesa que puedes disfrutar con tu hijo dotado. Esta es solo una introducción para que sigas explorando y descubriendo más opciones que se adapten a sus intereses y habilidades.

ENSAYOS PARA REFLEXIONAR

Ensayo 1 - Filosofía de la Educación

Como muchos escritores, y preocupado por el rumbo de la educación en Puerto Rico y en el mundo, es mi turno de opinar y presentar lo que creo puede ser un camino para que nuestra niñez y juventud tengan un camino educativo que verdaderamente desarrolle y potencie sus habilidades y talentos. Llevamos muchos años enfocados en los problemas.

En nuestra sociedad existen pensamientos en donde aducen que todas las escuelas son, prácticamente, iguales. Desafortunadamente, en la mayoría de los casos, tengo que coincidir con esta percepción. Principalmente porque en mi país, Puerto Rico, por ser un territorio pequeño, por ser una posesión de los EE. UU., y por tener un sistema educativo universitario arcaico y bastante centralizado, la educación no ha avanzado como lo vemos en otros países de primer orden. La formación de los educadores en Puerto Rico depende directa e indirectamente, de la universidad del estado, la Universidad de Puerto Rico (UPR). Si no se prepara en la UPR, se preparará en otra universidad que mira a la UPR como el portaestandarte a seguir. Si ese portaestandarte está atrasado, todo seguirá atrasado detrás de él.

Esta igualdad de procesos, entre universidades, entre escuelas, se debe a que casi todos los maestros, directores y administradores están educados o preparados bajo la misma filosofía del estado. Todas las escuelas, sin importar como administren, desarrollan sus currículos sin tener en cuenta la opinión de los educadores, sin tener en cuenta los intereses y necesidades de sus estudiantes y sin contar con las necesidades y las opiniones de las comunidades que sirven.

Las diferencias entre ellas, las cuales encuentro pequeñas, se circunscriben a ciertos aspectos generales: educación en español, inglés o bilingüe, algunas ofrecen otros idiomas como complemento o como clases electivas; seguridad física (más o menos razonable) en los planteles escolares; actividades extracurriculares durante las tardes después del horario escolar; no consideran las clases de arte, música, y educación física como cursos primarios en la educación, aun conociendo lo beneficioso que son para el desarrollo holístico de los estudiantes; le prestan mayor atención a los déficits que a los potenciales y talentos, provocando aburrimiento y falta de motivación en los estudiantes.

El objetivo de la educación actual se define en llevar información al estudiante, este la debe absorber, para luego vaciarla en una prueba de memorización. Cuando el verdadero objetivo debe ser cómo vamos a preparar a los estudiantes para una convivencia sana, no solo para el futuro, sino también para el presente. Una buena educación holística debe incluir:

- experiencias de vida importantes para el desarrollo del estudiante
- desarrollo intelectual utilizando el pensamiento crítico
- desarrollo cultural, social, físico y espiritual

- preparación del estudiante para:
    - el trabajo vocacional y profesional
    - participación ciudadana y comunitaria
    - ser creativo
    - apreciar la naturaleza y ambiente
    - ser sensible y flexible

Por lo tanto, es sumamente necesario que cada sistema escolar pueda desarrollar una filosofía educativa propia que se pueda replicar en otras áreas geográficas, siempre y cuando demuestre efectividad desde sus inicios. Para lograr procesos efectivos es muy importante que se conozcan y reconozcan las aportaciones educativas que los filósofos precursores de la antigüedad, de épocas anteriores a la nuestra y de los modernos, muy en especial, a nuestros filósofos latinoamericanos. Que podamos integrar varios elementos que desarrollen el máximo potencial de nuestros estudiantes para que puedan ser grandes aportadores en nuestra sociedad.

Los precursores de la filosofía

La aportación de los filósofos precursores a la educación ha sido reconocida por la historia. Sin embargo, en la actualidad, las nuevas generaciones se han olvidado de estas aportaciones creando un caos que ha impactado no solo a la educación misma, también al desarrollo social, económico y cultural de nuestros países.

Sócrates

Nacido en Grecia, a Sócrates se le reconoce como un gran maestro de la filosofía y las ciencias. Su padre fue albañil, de donde Sócrates recibe sus primeros conocimientos. Desde temprana edad demostró una gran habilidad de pensamiento crítico, el razonamiento y la oratoria, lo que le abrió paso en las academias de la antigua Grecia, en donde tuvo maestros como Damón, Arquelao y Anaxágoras.

No existen registros de escritos de su aportación literaria ya que sus labores estuvieron de lado de los conceptos éticos. La ética y la disciplina fueron los motivos de su vida, en dónde tuvo mayores logros.

Gran parte de su trabajo se centró en la enseñanza con su propia perspectiva filosófica. El amor, la justicia, la virtud y el conocimiento eran sus motivaciones principales. La historia reconoce que Sócrates fue de los primeros pensadores en reconocer que la ignorancia es el origen de los males y los vicios en las personas. Por consiguiente, de la sociedad.

La *mayéutica* era su método de enseñanza en donde toda persona busca hacer el bien. Si se inclinaba hacia el mal, era demostración de su ignorancia. Los sabios son aquellos que pueden distinguir entre el bien y el mal. En este método le permitía a sus alumnos enfrentarse y descubrir la verdad mediante el cuestionamiento propia. La relación entre maestro y estudiante se basaba en el respeto mutuo en donde participaban activamente en la búsqueda del conocimiento y la verdad.

Si observamos con detenimiento y profundizamos un poco podemos notar que la educación actual está muy lejos de la metodología socrática. Hoy, el maestro trae la información y el conocimiento, y el estudiante es el receptor de la misma. Con poca o ninguna oportunidad de rebatir o cuestionar el proceso. Si un estudiante es capaz de retar el proceso, es, entonces, identificado como una persona oposicional o desafiante del sistema o del maestro, propiciando acciones negativas contra él.

Platón

Según Platón, la educación debe dirigir la inteligencia hacia la adquisición de conocimientos. Sin embargo, para lograr activar la inteligencia, hay que desarrollar las capacidades y controlar las ideas irracionales. Liberar el alma del cuerpo, el cual consideraba como una prisión, fue la idea principal que Platón buscó usando la educación como instrumento.

En términos políticos, Platón quiso realizar grandes reformas porque entendía que el pueblo estaba mal gobernado. Según él, los filósofos deberían ser los gobernantes porque tienen una mejor noción de lo que es justicia. En este sentido, decía que la educación ha estado equivocada. Con base en esto, sugiere y establece un sistema de educación obligatoria manejada y controlada por el Gobierno.

Su estrategia educativa se compone de dos divisiones o etapas:

1. La educación elemental, que trabaja con estudiantes hasta los 20 años, y partir de ahí, estos comenzarían el servicio militar. En esta división se comienza con clases de gimnasia y música con la idea de tener un cuerpo sano y fuerte. Con la música lograr conseguir sensibilidad, apreciación del arte y conocimiento cultural. Una vez

completada esta etapa, los mejores estudiantes pasarán a la siguiente.

2. La educación superior, para los han cumplido con la primera división, que va desde los 20 hasta los 35 años. Lo que no entren en esta fase, pasarán a formar parte de la clase obrera y artesanal. Los futuros candidatos a guardianes y gobernantes tienen que adentrarse al conocimiento de las ciencias: aritmética, geometría, astronomía y la dialéctica.

En el mito de Platón sobre la caverna existen dos mundos: el sensible y el de las ideas. Las ciencias se aprenden conociendo el mundo exterior, las ideas tratan sobre los conceptos, las realidades y otros elementos que permiten observar la belleza de la naturaleza. Este mito nos presenta las dificultades que encontrará el estudiante para pasar de la ignorancia al conocimiento.

La aritmética es la primera de las ciencias que ayudará al estudiante a pasar de la ignorancia, (tinieblas según Platón), a la luz del mundo inteligible, a la ciencia del cálculo. Es el punto de partida del procesamiento deductivo que ayudará obtener diversas conclusiones.

Geometría es la segunda de las ciencias a conocer. Estos se apoyan en las figuras geométricas desde el punto de vista de lo que se puede imaginar con estas. Luego, le sigue la astronomía, observando el cielo como un reflejo de la belleza de este mundo. Finalmente, la dialéctica partiendo de la hipótesis de la idea sobre la justicia, para escalón para subir y adentrarse a otras áreas del pensamiento y el conocimiento.

Tras la muerte de su maestro Sócrates, Platón se motivó a viajar por toda Europa en búsqueda de mayores conocimientos. Su aportación mayor fue la fundación de la Academia, una entidad enfocada en la enseñanza de la metodología de la investigación, el debate y la adquisición de conocimientos. Siendo esta la precursora de muchas escuelas filosóficas por más de 900 años.

Tales de Mileto

Filósofo nacido en lo que hoy se conoce como Turquía en el año 624 A.C., en Mileto, ciudad costera en la Grecia antigua. De él se origina la escuela filosófica milesia o escuela Jónica. Su discípulo principal lo fue Anaximandro, y Anaxímenes, quien fue discípulo de Anaximandro.

A Tales de Mileto se le reconoce como uno de los siete sabios de Grecia, pos sus conocimientos de la filosofía. Tales hizo grandes aportaciones en la astronomía, predijo eclipses, el tamaño aproximado del Sol, en el calendario de 365 días y en las cuatro estaciones del año.

Su escuela de filosofía es considerada como la más antigua de Grecia. Esta se conoció por sus estudios de la naturaleza, el origen del mundo. Por este motivo, a los filósofos de esta escuela se les conoce como *físicos*.

Entre las aportaciones principales de Tales de Mileto a las matemáticas se encuentran las siguientes:

- Se le reconoce como fundador de las matemáticas y geometría griegas
- El teorema de Tales en donde indica la relación de proporcionalidad que hay entre los segmentos de rectas cortadas por líneas paralelas: *"Al cortar, por líneas paralelas, rectas concurrentes los segmentos correspondientes son proporcionales"*
- Inventó la demostración de la matemática rigurosa.
- Utilizó el pensamiento lógico para demostrar teoremas geométricos
- Las circunferencias se dividen en el diámetro.
- En los triángulos:
    - Los ángulos en la base isósceles son iguales.
    - Los ángulos opuestos por el vértice son iguales.
    - Dos triángulos que tienen dos ángulos y un lado iguales son iguales.
- En la astronomía:
    - Descubrió la constelación de la Osa Meno
    - Estableció que Luna es 700 veces menor que el Sol
    - Explicó los eclipses de sol y de luna.
    - Calculó el número correcto de días del año (365.25)
- Fue el primero en estudiar el magnetismo.

Heráclito de Éfeso

Heráclito nació en la ciudad de Éfeso, para el año 535 AC, de la antigua Grecia. Actualmente es una región que pertenece a Turquía. Es de una familia de origen real y era sacerdote al servicio de Deméter Eleusina.

Fue un filósofo famoso con gran reconocimiento, por educación autodidacta a través de los años; conocido como el Oscuro de Éfeso por su estilo controversial y enigmático al opinar. Estilo que se observa en fragmentos de sus escritos. Viniendo de una supuesta familia aristócrata, sus opiniones y políticas eran adversas a la democracia de Atenas. Fue parte del grupo de apoyo del rey persa Darío I el Grande, que gobernaba a Éfeso en esa época, en contra de la mayoría de sus habitantes.

Fue un fuerte crítico de las costumbres y creencias religiosas, y creyente del fuego, como el elemento principal que explica fenómenos de la naturaleza.

Heráclito afirmó que todo lo que nos rodean está en cambio constante y que todo lo que nace, morirá en algún momento.

Muchos de sus preceptos o enseñanzas de la época aún perduran en nuestros días modernos. Muchas de sus elocuentes frases o proverbios siguen impactando a nuestra educación y nuestro diario vivir. Para ello expongo algunas de estas:

A continuación, se dan a conocer algunas de las frases célebres que Heráclito tuvo la oportunidad de decir mientras estuvo en vida:

- El sol es nuevo cada día.
- No hay nada permanente excepto el cambio.
- No puedes pisar dos veces el mismo río, porque no es el mismo río y no eres el mismo hombre.
- El carácter es el destino.
- Los grandes resultados requieren grandes ambiciones.
- Nada resiste excepto el cambio.
- Mucho aprendizaje no enseña el entendimiento.
- El tiempo es un juego jugado muy bien por los niños.
- Ojos y oídos son malos testigos para las personas si tienen almas incultas.
- ¿Cómo te puedes ocultar de lo que nunca desaparece?
- Nuestra envidia siempre dura más que la felicidad de aquellos a los que envidiamos.
- La abundancia de conocimiento no enseña a los hombres a ser sabios.

De igual manera, en las conversaciones actuales sobre la filosofía y otros temas surgen algunas enseñanzas de Heráclito. Algunas de las de mayor importancia pueden ser:

- El fuego como elemento primordial – Heráclito consideró que el fuego nunca se extingue y que el constante movimiento de este, le permite estar en sintonía con el movimiento natural del resto del universo.

- La movilidad del Universo existente - los fenómenos naturales forman parte de los movimientos y cambios constantes en la naturaleza. Todo se mueve, y se mantiene en movimiento, tampoco es eterno. El movimiento constante permite que el universo se mantenga en equilibrio. Heráclito explica que el cambio que hay en la naturaleza, también existe en el hombre.

- Dualidad y oposición - Los cambios del ser humano y los de la naturaleza son consecuencias de la incompatibilidad y la resistencia a la realidad. Heráclito consideraba que esto era la explicación de cómo y por qué ocurren los eventos. La dualidad del día-noche, blanco-negro, frío-caliente, sano-enfermo, vivo-muerto y la justicia-injusticia, entre otros, indica Heráclito que pueden existir el uno sin el otro. Todo tiene su contra-parte. Esta dualidad, este cuestionamiento continuo, y la existencia del uno porque existe el otro contrario es parte de lo que fundamenta su pensamiento filosófico.

- El principio de la causalidad – Durante su vida se dedicó a busca la causalidad: ¿Por qué suceden los eventos, los fenómenos o los acontecimientos de la naturaleza? Creía que todo tenía una razón de ser, nada ocurre por casualidad. Todo tenía una causa y un efecto distintos. A esta causa, Heráclito la llamó Dios, basado en su filosofía teológica. De igual manera, buscaba demostrar el natural orden de las cosas.

- Logos – Dentro de este concepto se incluían tres características: la palabra, la reflexión y la razón. Solicitaba que no prestaran atención a las palabras que decía, sino que a lo que conlleva el Logos, la reflexión y el razonamiento. El Logos era difícil de comprender para el hombre común, aunque siempre estaba presente. Aunque todo fluía, había un orden específico predetermina a seguir, y el Logos definía el camino a seguir. Este permitía y hacia posibles las relaciones entre la naturaleza y el alma.

- Primeras concepciones de Estado – Heráclito buscaba identificar cuál sería el estado ideal y funcional para una sociedad. Heráclito, siendo un aristócrata, tenía ciertos problemas al momento de establecer algo para una sociedad variante.

- Concepción sobre la guerra y el auto conocimiento – La guerra, a nivel filosófico, era un evento importante y fundamental para que el orden cósmico natural continuara. Esta era su confirmación de sus conceptos de la dualidad y la oposición.

Los ideales de la ética se fueron desarrollando de esta manera. Así el hombre sabía lo que debía poseer y cómo manejar sus conductas individuales y sociales. Estos conceptos fueron tomados, eventualmente, por otros filósofos.

Aristóteles

Aristóteles nació para el año 384 A.C. en Macedonia. Tuvo grandes intereses desde edad temprana en la medicina, las ciencias y la investigación. A esta edad se promulgó en contra de varios conceptos desarrollados por Platón como: sustancia, materia y forma. Las cuales Aristóteles le dio nuevas definiciones, aportando así al mundo filosófico.

Junto con Sócrates y Platón, Aristóteles es uno de tres filósofos más importantes en el mundo. Entre ellos tuvieron una buena relación de amistad y en lo académico. Aristóteles era el más joven de ellos y fue el responsable de llevar a cabo todo lo enseñado por Sócrates y Platón. Además, pudo establecer la influencia filosófica y científica que aún prevalece en nuestros tiempos. Algunos historiadores creen que Aristóteles fue el maestro de Alejandro Magno, Rey de Macedonia y Faraón de Egipto, información que no se ha confirmado al presente. Fue uno de los filósofos más influyentes en la antigüedad.

Aristóteles pudo llevar más allá sus conocimientos por medio de la fundación del Liceo de Atenas, en donde revisó y difundió obras previamente escritas. Originó y desarrolló los conceptos de las ciencias como las matemáticas, la ciencia física y la teología.

Para Aristóteles, la educación es el principio en el cual la sociedad humana protege, educa y mejora su situación física y espiritual. Por medio de los cambios que se inculcan en la educación, se deben ampliar las expectativas y oportunidades del ser humana.

Entre sus aportaciones podemos encontrar:

- Planteó que la educación, la genética y los hábitos son factores que influyen en la preparación durante el proceso educativo, personal y profesional.
- Valoró la importancia del juego, en los niños, para su desarrollo físico, intelectual y emocional. Muchos de sus conceptos han influido en la educación de occidente por más de 2,000 años.
- Su plan educativo se dividía en cinco etapas:
    - La infancia, se trataba de los primeros años de vida en donde se desarrollaban los buenos hábitos.
    - La segunda etapa llegaba hasta los cinco. En esta se consistía en la observación y corrección de los hábitos, sin lecciones y sin obligaciones.
    - La tercera etapa cubría hasta los siete años, en donde se profundiza en los hábitos.
    - De los siete años hasta la pubertad, correspondía a la educación pública con asignaturas de: gimnasia, lectura, escritura, música y dibujo.
    - Finalmente, la educación liberal que se impartía en Liceos o escuelas, con asignaturas como: matemáticas, lógica, metafísica, ética, música, física y biología, entre otras. Las clases de música eran un elemento vital en la educación. La música contribuía a la formación del carácter, a la sensibilidad y el manejo de las emociones.
- Dividió la educación en dos partes de igual importancia:
    - la educación moral – que corresponde a la familia
    - la educación intelectual – que corresponde a la escuela
- La educación en la niñez era muy importante
    - Los niños varones aprendían a leer, escribir, a cantar, a tocar un instrumento, a citar la literatura y el militarismo. más adelante a ser entrenados como soldados.
    - Las niñas aprendían los conocimientos mínimos como leer y escribir. También aprendían sobre los tratamientos de las lanas y los tejidos. Eran las que aprendía a manejar un hogar y todo lo que conlleva. En raras ocasiones se educaban pasada la etapa de la niñez.

El objetivo primordial de la educación era preparar a los jóvenes, motivando y despertando su capacidad intelectual para, eventualmente, participar en posiciones de liderato o en la política. Esta era la oportunidad de formar buenos ciudadanos.

Por más de 2,300 años, estos filósofos han marcado y continúan marcando los caminos que todavía siguen muchos educadores y profesionales de la filosofía, las matemáticas, y otras disciplinas científicas y humanísticas. Esto es una evidencia contundente del poder que tiene el conocimiento en nuestra sociedad. Una sociedad sin conocimientos es una sociedad en decadencia.

Filósofos Latinoamericanos

Sin duda alguna, las aportaciones de los grandes filósofos de la antigüedad aún perduran en nuestros tiempos. Algunas han resistido los embates de los tiempos, los cambios sociales, económicos y políticos. Mientras otros han optado por adaptarse a los tiempos y a los cambios sociales. América Latina no está exenta de los cambios, tampoco de las aportaciones filosóficas de antaño. De igual manera, han surgido nuevas ideas, nuevos cambios y nuevas filosofías. Por consiguiente, Latinoamérica ha cultivado grandes filósofos que han aportado y otros que continúan aportando al desarrollo educativo, económico y social de nuestro entorno.

La filosofía de la educación es una de constantes cambios que han sido generados por estas ilustres personas, las cuales quiero reseñar. No son todos los que están, ni están todos los que son. Pero, una pequeña muestra de ellos nos informará de las grandes aportaciones, de los impactos realizados y de -los que seguirán surgiendo.

Sor Juana Inés de la Cruz

Sor Juana Inés de la Cruz, reconocida religiosa mexicana que fue una erudita autodidacta que retó los privilegios que tenían los hombres. Luego se convirtió en una escritora de las más productivas del siglo XVII. Hija de españoles, pero nacida en la Nueva España, conocida como México.

A Sor Juana Inés de la Cruz, se le reconoce como la primera filósofa latinoamericana, por dos razones importantes:

1. Su obra poética ha sido reconocida en diferentes momentos y por distintos críticos literarios - no fue ajena a las preocupaciones filosóficas consideradas en sentido estricto
2. Hasta donde se conoce, fue la primera mujer latinoamericana que hizo una elaboración filosófica con creatividad y con plena conciencia de lo que hacía

En la conocida Nueva España, la educación era uno de esos aspectos reservados y hasta exclusivos para los hombres. Para entonces, Sor Juana Inés de la Cruz desafió esta discriminación y comenzó una lucha de clases por los derechos universales del ser humano, con las mismas herramientas que usaría los hombres: la educación y la escritura.

Su destaque en el mundo literario se dio a más de 300 años después de su muerte. Es aquí que su trabajo y su legado se reconocieron a nivel nacional e internacional. Aunque no fue fácil lograrlo ya que se enfrentaba a los discrímenes de la religión que no veía con buenos ojos a una mujer con mucha capacidad intelectual e independencia de criterios y de pensamientos.

La obra de Sor Juana Inés de la Cruz sigue vigente y usándose como referencia. La poesía del periodo barroco alcanzó su momento culminante con sus aportaciones. Ella, también, insertó elementos poéticos mucho antes que los poetas ilustrados del siglo XVIII.

Andrés Bello

Desde la República de Chile se dieron los primeros pasos de la formación de Don Andrés Bello. Según algunos académicos entienden que su obra ha pasado un tanto desapercibida aún con las grandes y excelentes aportaciones en los campos jurídico, político y pedagógico.

En Venezuela se inicia su formación filosófica. Luego pasó a estudiar en Londres en donde se familiarizó con los pensamientos de las escuelas escocesas y de la filosofía del sentido común. Allí se encontró y analizó las obras de Jeremy Bentham. Más adelante se promulgó contrario a la filosofía empírica de John Locke y de la filosofía del subjetivismo del pensamiento de David Hume.

Su propio pensamiento filosófico se consideró ecléctico, en donde parecía tener como un pensamiento racionalista moderno. Pensamientos que lo acercaban a la ontología teológica católica de Aristóteles y a la filosofía empírica.

Tuvo un gran interés sobre las teorías del conocimiento, la lógica, la gramática, la filosofía del derecho y la filosofía moral. Su obra filosófica que enmarcada en dos partes:

1. Filosofía del Entendimiento y Filosofía Moral
2. Problemas referentes a la psicología moral y a la ética.

El pensamiento filosófico de Don Andrés Bello estuvo dirigido a intereses religiosos, lo que le limitó el desarrollo del pensamiento positivista de Stuart Mill.

Sus grandes preocupaciones estuvieron centradas en el desarrollo de la cultura, el derecho, la política y la educación.

José Martí

José Julián Martí Pérez fue fundador del Partido Revolucionario Cubano y organizador de la Guerra de Independencia de Cuba. Nació en el 1853, en la Habana, Cuba. Se le reconoce como el político más universal de su época. También fue un excelente periodista y ensayista de primer orden. Cultivó grandemente la poesía. Trabajó como diplomático en varios países, profesor de inglés, literatura francesa, italiana y alemana. Además de ser historiador de filosofía, dominó varios idiomas, fue crítico de arte y literatura, traductor y renovador de la lengua. Fue uno de los grandes exponentes de la literatura latinoamericana.

Se le conoce como el precursor del movimiento literario moderno. Escribió grandes obras literarias como:

- Ismaelillo (1882)
- Versos libres (1882)
- Versos sencillos (1891)
- Flores del destierro (1878-1895)
- Sus en ensayos más conocidos son:
    - El presidio político en Cuba (1871)
    - Nuestra América (1891)

Para José Martí, la educación es un derecho humano, porque todo hombre tiene derecho a que se le eduque, y después en pago, el deber de contribuir a la educación de los demás, y decía: "Que cada hombre aprenda a hacer algo de lo que necesitan los demás".

La filosofía de la educación, para Martí, es un saber universal de los procesos y acciones educativas que surgen de la epistemología y la axiología de la vida. Sus elementos y principios los expresaba en forma de críticas, formas elocuentes, o en aforismos, revelando lo más profundo de su filosofía educativa.

Una crítica severa y profunda constituye la afirmación:

> "es criminal el divorcio entre la educación que se recibe en una época y la época, o decir que la educación tiene un deber ineludible con el hombre – no cumplirlo es crimen, (…) o bien que, se está cometiendo en el sistema de educación en América

> Latina un error gravísimo: en pueblos que viven casi por completo de productos del campo se educa, casi exclusivamente para la vida urbana y no se les prepara para la vida campesina (…)"

Para hacer entender los principios de su filosofía de la educación, Martí esboza: "educar es preparar al hombre para la vida", "hombres recogerá quien siembre escuelas" y "la libertad y la inteligencia son la natural atmósfera del hombre", lo cual nos hace entender la necesidad de educar el intelecto como una ciencia natural, a través de la investigación.

La aportación filosófica de José Martí es tan grande que, en nuestra era moderna, aún se sigue cultivando dentro los ambientes políticos y académicos como parte del conocimiento universal.

Alejandro Korn

Alejandro Korn, de nacionalidad argentina, nació en el 1860 en San Vicente, provincia de Buenos Aires. Se destacó como médico, psiquiatra, filósofo, maestro y político en su país natal. Además, fue director de una institución psiquiátrica en Melchor Romero. Se reconoce como el primer funcionario universitario en Latinoamérica en resultar electo por el voto estudiantil. Se le considera como el primer filósofo en Argentina y es considerado como uno de los cinco sabios de la ciudad de La Plata. Fue profesor de filosofía en la Universidad de Buenos Aires. Perteneció al Partido Socialista y tuvo influencias filosóficas tanto de Immanuel Kant, como de Wilhelm Dilthey.

Contantemente reflexiona sobre el sentido de la libertad en sus trabajos escritos. Indicada que el mayor problema filosófico era la diferencia entre la necesidad y la libertad. Definió la libertad del ser humano como la unión de la libertad económica con la liberta ética. También afirmaba que La libertad nunca es dada, que tiene que ser conquistada.

Para el 1918, las organizaciones estudiantiles impulsaron la Reforma Universitaria en toda América Latina, y los fundamentos reformistas de Alejandro Korn fueron usados como referencia. En La Plata, el clericalismo apenas estaba presente, y se desarrolló el reformismo en contra de la filosofía positivista. Este movimiento en contra del positivismo fue dirigido por Korn. Con el ideal de combatir el positivismo decimonónico, motivó que se creara el Colegio Novecentista en el 1917. Además, publicó artículos sobre el impacto de la Reforma Universitaria para que América Latina tuviera una reforma cultural.

Su filosofía le permitió realizar ataque de frente al positivismo y al realismo. Para Korn, la filosofía es un pensamiento íntimamente relacionado con el momento y la cultura en la que uno vive. Es una reflexión que surge de la práctica, junto a las dificultades y a la voluntad del ser humano.

Antonio Caso

Antonio Caso nació en México, en el 1883. Realizó sus primeros estudios en las escuelas: nacional preparatoria y la nacional de jurisprudencia. Se destacó como el primer secretario de la Universidad Nacional de México.

Comenzó su formación con el positivismo bajo la influencia de Boutroux y Bergson. También tuvo las influencias filosóficas de Platón, Kant, Schopenhauer y James. También estudió a los filósofos alemanes contemporáneos Husserl, Scheler, Hartmann y Heidegger.

Fue parte de grupo que creó el Ateneo de la Juventud. Institución que renovó el ambiente intelectual de México. Además, fue profesor de la Escuela Nacional Preparatoria, en la Facultad de Filosofía y Letras. También fue director de la Escuela Nacional de Jurisprudencia; Rector de la Universidad Nacional, y en 1942, el gobierno federal lo designó como miembro del Colegio Nacional.

Entre sus contribuciones importantes, lucho en contra del positivismo y a favor de la libertad de cátedra y de la autonomía universitaria, elementos que hoy son fundamentales en las universidades.

Sus obras incluyen temas filosóficos, literarios, sociológicos, apuntes culturales; la historia universal y sobre la filosofía de los valores, entre otros.

En su vida intelectual y filosófica, Antonio Caso se dejó una extensa obra escrita para en la enseñanza de varias generaciones. Mérito por el cual se reconoció como el Maestro por antonomasia. En el grupo del Ateneo de la Juventud, fue el guía filosófico.

Dedicó uno de sus ensayos a La filosofía moral de don Eugenio María de Hostos, otro de los grandes pensadores y filósofos de la América Latina. Dentro del campo filosófico, su aportación más importante fue su doctrina espiritualista, reseña ampliamente en sus escritos.

Eugenio María de Hostos

Eugenio María de Hostos nació en Mayagüez, Puerto Rico en el 1839. Realizó sus estudios primarios en San Juan, Capital de Puerto Rico. Luego se trasladó a España para completar su formación académica, en donde se licenció como abogado. Realizó contactos con diversos grupos filosóficos krausistas, que disfrutaban la vida cultural en Madrid.

Fue un defensor férreo de la independencia de Puerto Rico. También lucho por los derechos a la educación de la mujer, las clases marginadas y minoritarias. Educador, filósofo, libertador, sociólogo y escritor puertorriqueño, reconocido como el **Ciudadano de América** por su constante lucha por la independencia de la isla, la unidad de las Antillas y de América Latina.

Hostos recibió influencias del positivismo en el desarrollo de sus ideas pedagógicas, y en su metodología una marcada influencia de Pestalozzi y de Froebel. En el aspecto organizativo recibió influencias de las ideas de Lancaster, Sócrates, Montaigne, Comenio y Rousseau.

Para Hostos la educación debe ser armónica y progresiva. Mientras que el educador debe buscar siempre el desarrollo de las facultades humanas. En el arte de la educación debe desarrollarse la razón y tener como base los conocimientos adquiridos, y la observación es base indispensable para el desarrollo del conocimiento.

Hostos abogó por el derecho de los niños a buscar la verdad por sí mismos, a eliminar la memorización mecánica y por la actividad como única forma de crear los intereses cognitivos. También dio importancia al estudio científico bajo el sistema de intuir para inducir, inducir para deducir y deducir para sistematizar. La educación era considerada como un proceso de la libertad del ser humano, por la cual nos podemos liberar del colonialismo para lograr una transformación social. Hostos veía la educación como el proceso para el desarrollo de la razón, el desarrollo holístico del hombre completo, lo que incluye: cuerpo, mente, razón, sentimiento y conciencia moral.

Promovió una enseñanza en las ciencias, el razonamiento científico, inspirado en los valores morales como la responsabilidad, el deber y la defensa por los derechos. Esta metodología de enseñanza tenía que tomar en consideración las experiencias del estudiante, sus intereses y necesidades para manejar asertivamente su proceso educativo. La finalidad de la educación es social. Por lo que la educación él la consideraba como una empresa social.

Entre las grandes aportaciones de Hostos a la educación encontramos:

- Fue un revolucionario de la educación.
- Identifica la escuela como un lugar de preparación del niño.
- La educación como el remedio de todos los males sociales.
- Creyó en la educación científica de la mujer para que fuera una mujer completa e integrada a la sociedad con pleno conocimiento de sus derechos y deberes.

Otras aportaciones de Eugenio María de Hostos son:

- Fundó la Escuela Normal para señoritas
- Creó un plan de estudio que abarcaba dos ciclos de asignaturas donde se debía estudiar geometría, aritmética, lectura razonada, ejercicios geográficos y cosmográficos, geografía patria, manejo de globos y mapas, lenguaje, historia, metodología, higiene escolar, organización escolar, psicología, trabajo manual, gimnasia y arte.
- Fundó un Instituto Profesional formado por las Escuelas de Derecho, Medicina, Farmacia e Ingeniería en Santo Domingo.
- En Chile, fundó el Instituto Pedagógico y dirigió el Liceo de Chillán donde ofreció famosas conferencias dirigidas a la educación científica de la mujer.
- Fundó Escuelas para Padres, la Escuela Nocturna para la clase obrera
- Diseñó planes de estudios que incluían la música y el canto como proceso formativo.

Sin duda alguna, Eugenio María de Hostos, fue un puertorriqueño para la historia de la educación en Latinoamérica, fue revolucionario que motivó a grandes cambios filosóficos en la educación, poniendo al estudiante como centro, como la prioridad para el desarrollo económico, social y político del país. Su filosofía de vida y educación aún permea entre los buenos educadores en todo el hemisferio.

El objetivo primario de una filosofía de la educación debe ayudar a identificar y servir, tanto las necesidades como los intereses y motivaciones de los estudiantes. Esta es fundamental para definir y dirigir los propósitos, objetivos y enfoque de una escuela, de sus estudiantes y su comunidad. Esta deber inspirar y dirigir los planes, los programas y los procesos educativos en cualquier ambiente.

Una buena filosofía de la educación debe incluir una variedad de metodologías para que se puedan adaptar a las formas de aprendizaje de los estudiantes. Hay que enseñar de la manera que los estudiantes aprenden.

Hay que trabajar con mente abierta para comprender, entender y educar a nuestros niños. Reconocer su individualidad y hacerlos partícipes de su propio proceso educativo, mediante la oportunidad de cuestionar, de investigar y presentar sus resultados. Al permitir su inclusión en nuestra filosofía de enseñanza podemos reconocer que nuestros niños:

- Deben desarrollar sus cuerpos de manera que podamos servir a su naturaleza física, sexualidad, género y actividad o comportamiento en su ambiente natural.
- Poseen mentalidades y potenciales diversos en donde tenemos que considerar sus pensamientos y razonamientos.
- Tienen sentimientos y son sensibles a lo ven, escuchan y aprenden.
- Tienen testimonios de vida, que los llevan a emitir juicios, opiniones y decisiones de lo que lo rodean.
- Viven una comunidad con muchos cambios, muchas responsabilidades y muchas para hacer las cosas por el camino correcto.

El mundo filosófico de la educación tiene grandes precursores que son muy importantes para conocer y estudiar. Seres humanos con sensibilidades diferentes, pero que todos coinciden en la importancia del desarrollo del ser humano. Lo importante de este proceso que pueda existir la libertad de pensamiento, la liberta de educación y la libertad de exposición. Es naturaleza humana: crecer, educarse, aportar y dejar un legado para la historia. Estas personas así lo hicieron. El mundo entero, todas las épocas y todas las culturas tienen personas ilustres que ayudaron, están ayudando y lo seguirán haciendo por el resto de nuestras vidas.

Conclusión

Mi filosofía educativa, muy personal se basa en cinco elementos fundamentales:

1. La identificación de los intereses, necesidades, potenciales y talentos de los estudiantes para servirles de una manera asertiva y constructiva por medio de la educación. Enfocarnos primordialmente en los talentos y áreas de fortalezas, e ir trabajando las áreas de necesidad.

2. La preparación de los padres para ser parte del equipo de trabajo en el desarrollo holístico de sus hijos. La formación e integración de los padres tiene que ser una prioridad del ambiente escolar. La escuela no puede hacer el trabajo sola. Los padres solos tampoco pueden hacerlo.

3. La capacitación de los recursos en las escuelas para que puedan ser entes de promoción y desarrollo de los talentos, en vez de convertirse en detectives de los problemas. La academia tiene que actualizar sus programas y ofrecer alternativas académicas que permitan que los futuros profesionales de la educación conozcan a toda la población estudiantil, incluyen a los estudiantes dotados. Es necesario crear especializaciones en esta disciplina.

4. Desarrollo de un equipo profesional que sirva de apoyo psicológico, social y emocional de los tres elementos anteriores.

5. Buscar el apoyo gubernamental, ya que la educación de los estudiantes y los profesionales contribuirán al desarrollo político y económico del país.

Espero que se pueda desarrollar una filosofía que integre los elementos fundamentales de los grandes maestros y precursores de nuestra historia. Además, esta filosofía debería incorporar las experiencias y perspectivas de estudiantes, padres y educadores, reconociendo la importancia de realizar cambios significativos por el bienestar de nuestra sociedad.

Al combinar las ideas y enseñanzas de figuras filosóficas influyentes con las vivencias reales de quienes están directamente involucrados en el proceso educativo, podemos crear un enfoque holístico que no solo respete el legado del pasado, sino que también sea adaptable y relevante para los desafíos contemporáneos. Este enfoque debería fomentar el diálogo abierto, la empatía y el compromiso con la mejora continua, promoviendo una educación que prepare a los individuos no solo para el éxito académico, sino también para ser ciudadanos comprometidos y conscientes de su responsabilidad social.

En definitiva, aspiramos a una filosofía educativa que sea dinámica y evolutiva, capaz de reflejar y responder a las necesidades y aspiraciones de nuestra comunidad, contribuyendo así a la construcción de una sociedad más justa, equitativa y sostenible.

Ensayo 2 - Análisis crítico de la educación

Antes de comenzar a escribir sobre el análisis crítico de la educación es importante dar a conocer ciertos elementos que impactarán el análisis y que han impactado al sistema educativo desde sus inicios. Desde la época de nuestros indígenas, al momento del descubrimiento y a través de los años, hasta hoy veremos el efecto de las decisiones religiosas, políticas y económicas. Etapas cíclicas que nos han llevado hasta el punto más bajo, casi hasta desaparecer, hasta momentos de gloria en varias disciplinas.

El pasar de una crisis a otra, nos ha llevado a ser lo que somos. Dejaré saber, cómo decisiones externas al país nos impactan de igual manera. Después de presentar algunos de estos elementos, presentaré cuál es el estatus actual de nuestros sistemas educativos.

Primero, debemos definir lo que significa el concepto crisis, y cómo en cada crisis, superada o no, ha impactado el marco educativo, el social, el político, el religioso y el gobierno en general. Dentro del marco social veremos el impacto individual, el familiar y comunitario; que a su vez impacta lo social, económico y lo político.

Segundo, desarrollaremos el concepto crítico desde la perspectiva social económica y política que existe en Puerto Rico para poderla comparar el concepto a nivel regional, internacional o mundial.

Finalmente, consideraremos todos estos elementos que impactan, de una forma u otra, lo que llamamos crisis; que además, impacta las alternativas viables y las soluciones que se puedan considerar y desarrollar.

Muchos analistas del diario vivir y muchos educadores ven el concepto crisis como un sinónimo de oportunidad. Sin embargo, hay que ver de cuál lado viene la oportunidad. Sí lo vemos desde el punto de vista de gubernamental, el pueblo lo puede ver como un mandado o en ocasiones como una opresión o una obligación para ejercer. Sí lo vemos del punto de vista del pueblo, puede verse como un reclamo, que si no es atendido debidamente, pudiera convertirse en una protesta, una confrontación o revuelta.

Diversidad de Crisis

Es importante reconocer que la crisis es un elemento que vivimos todos los días. Sin la existencia de una crisis sería muy difícil de ver el espacio para mejorar o para crear algo nuevo. Esta nueva creación puede ser un objeto, una idea, un proceso, una alternativa educativa, hasta una nueva profesión especializada.

Existen distintos tipos de crisis. Comenzando con la crisis personal, la crisis familiar, la crisis comunitaria, la crisis social, la crisis cultural, la crisis gubernamental, que a su vez se divide en diversas crisis como la económica, la política, la religiosa, entre otras.

Enseñanza de Valores

Otro elemento para considerar es la crisis de valores. ¿Qué son los valores? Los valores son aquellas cosas que tenemos, interna o externamente, y que son apreciadas por uno mismo o por otros. Estos pueden verse en dos áreas. Una, que es el material, y la otra, que se puede considerar de forma espiritual. Me explico. Una propiedad, un automóvil, o dinero en el banco son valores que se pueden considerar materiales. Cómo valores espirituales o no materiales podemos considerar el valor de la verdad, a la vida, el respeto, la honestidad, la sinceridad o la preocupación por el bienestar de otros, son algunos ejemplos.

Cuando notamos que existe una carencia de valores, buscamos alternativas educativas para responder a la misma. Se diseñan y se crean nuevas alternativas curriculares para fomentar valores que corresponden a la familia, al entorno Familiar o a la sociedad misma. Si la enseñanza de estos valores, desde el punto de vista académico fracasa, entonces, ¿qué hacemos?

Pienso que los valores como el honor, el respeto, la verdad, a la vida, y el cuidado hacia otros o hacia el entorno deben ser fomentados en el seno familiar. Estos valores deben ser validados y reforzados en la familia extendida en la comunidad o en la escuela.

La finalidad de la escuela entonces debería ser, fomentar la enseñanza de las matemáticas, las artes, las ciencias, idiomas, entre otras disciplinas. Y estas a su vez, deben ser fomentadas y reforzadas en el hogar. Ambas partes, el hogar y la escuela, deben asumir sus responsabilidades y no esperar a que la escuela enseñe valores o exigirle la enseñanza de los mismos. Sin embargo, la familia, también se tiene que hacer responsable de que lo enseñado en la escuela pueda ser conocido y apoyado en el entorno familiar, o si no es conocido, que puedan buscar ayuda para sus hijos. Un dato importante es que la familia, nunca debe menospreciar el trabajo del maestro. Si rechaza o crítica el trabajo del maestro, estará apoyando y comenzando a generar una falta de respeto de parte del estudiante hacia la autoridad.

Cuando estás responsabilidades no son ejercidas de manera correcta y eficiente por ambas partes, y no son compartidas y reforzadas por el otro entorno, podemos ver como la crisis se va generando, y va creciendo. Entonces la familia le carga las responsabilidades a la escuela, y la escuela le carga las responsabilidades a la familia, mientras el estudiante, se queda en el centro sin recibir los servicios adecuados. Comienza la crisis.

La situación de Puerto Rico

Cuando vamos el caso de Puerto Rico, podemos notar grandes diferencias dentro del contexto político-cultural y económico, cuando lo comparamos con otros países incluyendo Centro y Sur América.

Luego de que se estableciera la comunidad indígena en Puerto Rico, y tras la llegada de Cristóbal Colón a nuestras tierras, comenzó un dominio de parte de España hacia nuestra isla convirtiéndonos en una colonia por alrededor de 400 años. Más adelante, a raíz de la guerra hispanoamericana en el 1898 pasamos a ser colonia de los Estados Unidos de América. Esto ha permitido que no ocurrieran guerras sangrientas por la lucha hacia la independencia de la Isla, provocando, a mi entender, una falta de identidad propia, falta de amor por la patria y falta de pertenencia.

Muchos de los políticos que abogan por la independencia de la Isla identifican, curiosamente, que en el escudo de armas que España le otorga a Puerto Rico, un elemento muy interesante. Este es un Cordero recostado sobre una Biblia. Para ellos, como un significado de docilidad, como un esclavo que se doblega ante su amo.

Escudo de Armas de Puerto Rico, otorgado por España en el 1511

Varios de estos políticos piensan, que este cordero recostado es un ejemplo de una sociedad conformista y colonizada. Dependiente de los poderes del colonizador. Desde el 1498, hasta el 1898 colonizados por España, y desde el 1898 al presente por los Estados Unidos de América.

La Iglesia y la educación

Por años, la identidad cultural estuvo directamente relacionada con la identidad religiosa. Tras el dominio español y la imposición de la religión católica el proceso de dominio político también estuvo enmarcado y marcado por la religión impuesta. Si regresamos al Escudo de Puerto Rico, notamos que el dominio de la iglesia también dirigió el reino español. Para la época del descubrimiento de Puerto Rico (1498), los reyes de España Felipe de Aragón e Isabel de Castilla pertenecieron a la Iglesia Católica.

Luego de la reforma religiosa, por Martín Lutero, y con el advenimiento moderno de las tecnologías en las comunicaciones, este predominio católico ha ido mermando, al igual que la sociedad ha buscado, en sus ejercicios democráticos, una separación entre gobierno y religión. Obviamente, se ha trasformado en dos vertientes denominadas como conservadores y liberales. Siendo el grupo conservador el más inclinado hacia la parte religiosa y espiritual, buscando conservar los valores morales de antaño.

Hoy día, en Puerto Rico, los líderes de la Iglesia Católica se han identificado como propulsores de la ideología independentista, quienes estás más inclinado hacia el lado liberar. Esta disyuntiva, entre el conservadurismo y el liberalismo (protectorado de la Iglesia Católica) ha provocado, no solo la crisis de identidad religiosa también ha provocado una crisis de identidad moral, crisis de valores cristianos mediante la confusión espiritual. Además, al inclinarse por el independentismo de la isla, se ha insertado soslayadamente en el marco político. Tan es así, que en los pasados comicios electorales, hubo un partido predomínate religioso, pero dominado por el ala protestante de la religión. ¡Qué crisis!

La división política

La crisis política ha llegado a tal grado que nuestra sociedad se encuentra dividida en tres secciones políticas fuertes, lo cual no permite un desarrollo económico sustentable para la isla.

Si a la situación política actual le añadimos el problema colonial, en donde los Estados Unidos de América, desde el 2017 le ha impuesto a Puerto Rico una Junta de Control Fiscal, a solicitud del Gobernador del momento, no nos queremos ni siquiera imaginar la crisis política, la crisis económica y la crisis social que esto representa. Esta Junta de Control Fiscal, ha tomado las riendas del país, recortando el presupuesto de la isla en un 40%, provocando el cierre de entidades gubernamentales de servicios a la comunidad. Entre los servicios más afectados tenemos los servicios de salud, provocando o aumentando, la crisis de salud mental; los servicios de seguridad, provocando alzas en la criminalidad; y la educación, provocando cierre de escuelas, menos maestros, menos calidad en la educación y por consiguiente menos estudiantes.

¿Qué ha provocado todo esto?

Migrando dentro de la nación

Otra crisis, en este caso migratoria, en donde dos terceras partes de nuestra población se ha mudado para los Estados Unidos de América, dejando a la isla con gran cantidad de personas de bajos recursos económicos, al igual que una gran población de personas de la tercera edad, dependientes de un seguro social reducido y limitado. Además, con cortes adicionales propuestos, por la Junta de Control Fiscal, a las pensiones de los retirados. En donde las decisiones que más nos impactan, son tomadas por el Congreso de los Estados Unidos, sin que haya una representación seleccionada en nuestra isla. Solo tenemos un representante de Puerto Rico, la Comisionada Residente, que tiene voz, pero no tiene derecho al voto en estas decisiones.

Teniendo como base los elementos esbozados anteriormente, paso a identificar varios elementos que, históricamente, nos han llevado a una situación crítica en la educación, perjudicando primordialmente a la niñez. Claro, sin olvidarnos que el salario de la clase magisterial en uno de los más bajos, entre las profesiones del país.

La educación antes del descubrimiento

Al igual que en otras culturas, la educación se originaba en el seno del hogar. Los padres se encargaban de la caza y la pesca. Las madres se encargaban de los huertos y la cocina. Este proceso laboral educativo se va dando de padres a hijos, de forma natural. De igual manera, de madres a hijas.

Para la época del descubrimiento de Puerto Rico (19 de noviembre de 1498) lo pobladores de la isla lo fueron los indios *taínos*. Los *taínos* se reconocen como los pobladores del conglomerado de isla del Caribe, no solo de Puerto Rico. Se dice que los indios *igneris* fueron los primeros pobladores de la región.

La colonización española y norteamericana

Con la colonización española sobre la isla se comienza la extracción de los recursos naturales, dejando a la isla en extrema pobreza durante un período de 400 años. De igual manera, en este tiempo se lleva a cabo el proceso de evangelización, buscando convertir a los taínos en el catolicismo. Este proceso no se dio de forma pasiva, ya que aquellos que oponían al proceso eran castigados y asesinados. Se estima que para el año 1802, ya no existían taínos en la región. España realizó un censo y encontró que menos de 200 taínos continuaban, muchos de ellos escondidos en cuevas y montañas, alejados de los españoles. La primera fue la Universidad de Estudios Generales de Santo Tomás de Aquino en San Juan, fundada por la Orden de Dominicos en 1532, en donde estudiaba la clase privilegiada del país, mayormente extranjeros. Otras escuelas fueron establecidas en varias regiones del país, todas ellas bajo la Iglesia Católica.

Luego de la dominación española por 400 años, Puerto Rico es cedido como botín de guerra a los norteamericanos, producto de la Guerra Hispanoamericana (1898). Aquí comienzan la tercera transformación educativa. Para el 1901, el nuevo gobierno norteamericano impone que las clases se ofrecerán en el idioma inglés.

Los primeros vocablos fueron en taíno, luego en español y ahora en inglés. Esto, definitivamente, crea otra crisis. Esta vez en lenguaje y comunicación.

Con el comercio y el capitalismo norteamericanos, llegan también los centros educativos privados. Siendo la Universidad Interamericana la primera universidad privada que se establece en Puerto Rico para el 1912. Esta universidad se forma como una de naturaleza cristiana y ecuménica.

La independencia y el socialismo

Anteriormente, para el 1903, se había fundado la Universidad de Puerto Rico, como entidad estatal, de naturaleza no cristiana.

Año tras año, la Universidad de Puerto Rico fue creciendo y se reconoció como la mejor universidad del estado. Sin embargo, durante este proceso de crecimiento, comenzó la proliferación de profesores de filosofía independentista. Siendo hoy día, una matrícula del profesorado predominante de esta filosofía o vertiente política. Los profesores que abogan por la unión de Puerto Rico como un estado de la unión norteamericana son considerados una exigua minoría dentro los once recintos que tiene la universidad del estado. Esto ha creado, no solo un desbalance político-filosófico dentro de la universidad, sino que también ha creado una inestabilidad administrativa, permitiendo que las protestas y las huelgas ocurran con frecuencia. Lo que ha provocado una baja drástica de estudiantes universitarios, que le huyen a los disturbios y se han trasladado a las privadas, o han decidido estudiar fuera del país, mayoritariamente en universidades de los Estados Unidos de América.

Como dato curioso, muchos de los estudiantes con padres de filosofía independentista, también han optado por estudiar fuera del país de igual manera, mayoritariamente en Estados Unidos. Luego regresan como profesores universitarios, promoviendo la filosofía del independentismo.

La profesión magisterial

La profesión de maestro ante la sociedad era una que imponía respeto. Se consideraba al maestro como una persona honrada, honesta, que busca el bien para sus estudiantes y su comunidad. Probablemente era la persona con el más alto conocimiento y prestigio en la comunidad. Muchos países consideran la profesión del maestro como de las más altas prioridades de servicio a la comunidad. Además, la compensación salarial va acorde con sus responsabilidades y prestigio. Es el maestro quien enseña el arte, la historia, la ingeniería, la medicina, el lenguaje, las matemáticas, entre otras materias. Entonces, debería ser la profesión mejor pagada en cualquier país.

Sin embargo, esa no es la realidad en nuestro entorno. En muchos países, primordialmente, en Latinoamérica, es una profesión con pocos recursos, con salarios bajos, en algunos casos deprimentes. ¿Cómo podemos tener un país de avanzada sino reconocemos la función del maestro?

Como si fuera poco, los problemas sociales que ocurren hoy día se los achacamos a la escuela, siendo la familia el primer responsable de la enseñanza de los valores morales. A los maestros le exigimos responsabilidad, y ¿cuándo le vamos a exigir esa responsabilidad a los padres?

La calidad de la enseñanza

Si comparamos la enseñanza de antes podemos notar que el compromiso del maestro era uno firme, llenos de retos y estrategias académicas para llevar el mensaje claro, para que los estudiantes pudieran aprender los conceptos enseñados. Se podía dar clases en el piso, sin necesidad de sillas, ni pizarrones. Se discutía un tema, sin tener que escribir en una libreta; solo escuchando las opiniones y las ocurrencias de los estudiantes. Se desarrollaba el verdadero pensamiento crítico.

Salir de la sala para ver que se encontraba en el patio de la escuela, era una experiencia única y enriquecedora. Recoger hojas, medirlas, contarlas y ese contacto con la naturaleza daba deseos de aprender. Hoy, no queda nada de esas experiencias. Los niños se ensucian las manos, manchan la ropa, se rasgan la piel con algún gancho de un árbol, y ya eso es inadmisible. Los padres están más preocupados por la limpieza que por el aprendizaje. Están pendientes a cuál es la mejor forma de fastidiara o demandar al sistema, a la escuela y al maestro.

De igual manera la creatividad ha quedado muy atrás ante los avances tecnológicos. Desde la simple calculadora, hasta los nuevos ordenadores que se han convertido en un centro de entretenimiento, en vez de una herramienta de aprendizaje. Ya no hay que buscar el diccionario. Ya no hay que usar los dedos para sumar. Ya no hay juegos en el patio. Todo está el móvil. Ni siquiera lo usamos para aprender algo.

Las plataformas digitales y sociales, en vez de acercarnos al mundo, nos aleja cada día. Ya todos estamos encerrados en nuestra propia cárcel. Ya no salimos a cenar, ordenamos la comida y nos la traen a casa. Ya no hablo con el vecino, solo le envío mensajes de texto. Hago grupos digitales del vecindario para saber de ellos, ya no se visita a la familia. Una llamada con video lo resuelve. Hasta la educación con sus plataformas digitales ha desconectado al maestro de los estudiantes de la familia.

Efectos de la pandemia del Covid-19

Si bien es cierto que los avances tecnológicos poco han ayudado a la educación, kos efectos de la pandemia del Covid-19 ha aportado a empeorar la situación. Ahora discriminamos en si estás vacunado o no. ¿Cuál vacuna te pusiste? ¿Te pusiste el refuerzo? ¿Hace cuánto tiempo? Cuando se comienza a maneja la crisis, vienen los detractores a crear confusión e histeria.

Ya no le creemos al profesional o al científico que lleva toda una vida preparándose, estudiando, investigando y analizando las mejores opciones. Ahora, le creemos a cualquier pelafustán que hace una publicación en la red digital, sin estudios, sin bases y sin fundamentos. Solo porque creen en algo como la medicina natural, en un ser divino o no cree en nada ni nadie. Dice que cree en la medicina natural y no la estudiado, ni la ha usado. Cree en un ser divino y nunca ha pisado una iglesia. No cree en nada, ni nadie, pero pide que tengan fe en lo que él o ella dice. ¡Ni siquiera lo podemos imaginar! Y es real lo que sucede, por más que resulte ilógico.

La tecnología y las clases en línea

Ya no solo se trata del ofrecimiento de las clases en línea. Ahora se dejan las clases grabadas. Si el estudiante tiene duda que envíe un mensaje por correo electrónico, y a esperar que el profesor le conteste. Se necesita un proceso que responda a los interese y las necesidades del estudiante. Si no hay esta contestación rápida, el estudiante se desconecta del aprendizaje.

Si comparamos el proceso educativo con los video juegos vamos a darnos cuenta que el juego electrónico tiene respuestas rápida e inmediatas. Con cada acción que realice, tengo una respuesta inmediata. ¿Qué provoca esto? Que el estudiante que quiere aprender rápido se encuentra con un proceso excesivamente lento. Entonces comienza el patrón de aburrimiento y desconecte de la sala de clases.

Si se aburre, no atiende. Entonces tiene un trastorno de Déficit de Atención

Si comienza a reclamar por más material educativo, entonces es oposicional y desafiante.

Si comienza a moverse o se inquieta, entones es hiperactivo.

Resultado final. Hay que llevarlo a medicar. Mejor dicho, a endrogar para que se mantener tranquilo en la sala de clases. Cuando la mayoría de las veces quien padece de falta de atención puede ser el maestro mismo, que comparte, no conoce al estudiante y tampoco reconoce sus habilidades.

No hay forma de que el sistema cambie por pésimo se encuentre. Nos acostumbramos a identificar los problemas y tratar de trabajarlos, y nos olvidamos de desarrollar los interese y talentos. Una reforma educativa real implica implosiones al sistema.

Reforma Educativa

Cada cierto tiempo el gobierno establece necesario realizar una reforma al sistema educativo. Para esto, se reúnen los eruditos de la educación, personas de mayor edad que han estado en el sistema por 30 o 40 años. Sí, sí, sí. Los mismos que han desarrollado el sistema, que han creado los problemas y que jamás van a reconocer que cometieron un error de diseño en la reforma anterior.

Son estos los que deciden en donde se harán los cambios curriculares. Los que deciden que necesitan aprender los niños por cada grado, por edad, por niveles. Nunca entrevistan a los estudiantes para saber en dónde están sus intereses. Nunca podrán crear un programa o una materia que responda a los intereses del estudiante, si no los conocen. Su vida profesional ha estado en la estratósfera, jamás con los pies en la tierra.

En las pasadas reformas educativas en Puerto Rico, en el 1999 y el 2018, nunca se contó con los sistemas universitarios para que desde allí pudiera darse un proceso informado. Entonces, cada vez viene un cambio obligado, vienen las protestas, los paros, los brazos caídos y las huelgas de maestros y universitarios. ¿A dónde vamos a llegar?

Aquí es donde entran los legisladores, poco o ningún conocimiento sobre la educación o sobre estrategias educativas, Se inventan el sistema y Dios que reparta suerte.

El Índice General de Solicitud (IGS)

El IGS es un número que utiliza la Universidad de puerto Rico para determinar si un estudiante está apto para los estudios que solicita. Este cálculo se realiza con una formula escondida que utiliza la universidad tomando en consideración el promedio académico escolar durante la escuela superior y los resultados de un examen conocido como el 'College Board' (College Entrance Examination Board). Este examen evalúa a los estudiantes que solicitan entrada a la universidad, en tres áreas principales:

1. Destrezas en español
2. Destrezas en matemáticas
3. Destrezas en inglés

Es importante señalar que en los pasados dos años no se ha tomado en consideración la evaluación de las destrezas en inglés. ¿Por qué no se considera? En verdad, la universidad nunca ha expresado, claramente, las razones para ello.

Esto me hace pensar que la enseñanza en inglés ha estado tan debajo de lo esperado, que evita que los estudiantes entren al sistema universitario. Luego veremos cómo impacta económicamente esta decisión.

Por el momento veamos algunos ejemplos de los IGSs en diversas profesiones:

- En Universidad de Puerto Rico – Recinto de Mayagüez
    - INGENIERIA CIVIL - 300
    - INGENIERIA ELECTRICA - 305
    - INGENIERIA INDUSTRIAL - 308
    - INGENIERIA MECANICA - 325
    - INGENIERIA QUIMICA – 315
    - ADMINISTRACIÓN DE EMPRESAS, CONTABILIDAD - 265
    - ADMINISTRACIÓN DE EMPRESAS, FINANZAS - 265

- En la Universidad de Puerto Rico – Recinto de Río Piedras
  - ADMINISTRACION DE EMPRESAS, PROGRAMA GENERAL - 240
  - ADMINISTRACION DE EMPRESAS, CONTABILIDAD - 240
  - ADMINISTRACION DE EMPRESAS, ECONOMIA - 240
  - ADMINISTRACION DE EMPRESAS, FINANZAS - 250
  - ADMINISTRACION DE EMPRESAS, GERENCIA DE MERCADEO – 270
  - EDUCACION SECUNDARIA, CIENCIAS - 250
  - EDUCACION SECUNDARIA, QUÍMICA - 241
  - EDUCACION SECUNDARIA, EN FISICA - 248
  - EDUCACION SECUNDARIA, INGLES - 230
  - EDUCACION ELEMENTAL, K-3ER GRADO - 230
  - EDUCACION PRE-ESCOLAR - 230
- Universidad de Puerto Rico – Utuado
  - AMINISTRACIÓN DE EMPRESAS, CONTABILIDAD – 200
- Universidad de Puerto Rico – Recinto de Arecibo
  - ADMINISTRACIÓN DE EMPRESAS, CONTABILIDAD - 230
  - ADMINISTRACIÓN DE EMPRESAS, FINANZAS – 225
  - EDUCACIÓN ELEMENTAL – 225
- Universidad de Puerto Rico – Recinto de Humacao
  - EDUCACIÓN ELEMENTAL, NIVEL PRIMARIO Y EDUCACIÓN ESPECIAL – 220
- Universidad de Puerto Rico – Recinto de Bayamón
  - EDUCACIÓN PRE-ESCOLAR Y ELEMENTAL – 230

Es importante mencionar varios detalles importantes:
- Todos los recintos pertenecen al mismo sistema universitario
- Varias profesiones iguales tienen índices de entrada diferentes, siendo el mismo sistema
- Las profesiones en la educación tienen IGS bastante más bajos que otras profesiones
  - Esto permite que estudiantes con menos índice académico pasar a ser los maestros de nuestros estudiantes.
- Ninguna de las universidades privadas exige índices de entrada para sus estudiantes

- - Esto permite que estudiantes con bajos promedio entren a profesiones que se ofrecen en el sistema de la UPR con mayores exigencias.
  - Se llenan las plazas magisteriales de personas con bajo nivel competitivo, ante la escasez de maestros
- Muchos maestros, especialmente, los más competentes se mudan a los EE. UU. en busca de mejores condiciones laborales y salariales.
- La cantidad de estudiantes que se registra para estudiar en la UPR, universidad del estado, ha bajado un 40%. Mientras que la misma ha aumentado considerablemente en las universidades privadas. Según analistas, esta merma obedece a la inestabilidad provocada por los paros estudiantiles y las huelgas, incluyendo la facultad universitaria. Entonces, los padres prefieren registrar a sus hijos en las universidades privadas.
- Esta inestabilidad administrativa, en conjunto con la falta de coordinación de programas similares en sus propios recintos provoca la crisis educativa a nivel universitario; al igual que impacta a los candidatos a maestros quienes son sometidos a estas presiones por parte de los huelguistas.

La preparación del maestro para preescolar y grados primarios

Todos conocemos que la educación más importante para los niños tiene que ser la que se ofrece a nivel preescolar y grados primarios. Es donde se establecen las bases y la formación desde la perspectiva del hogar y desde la escuela primaria. Una buena base moral establecida desde el hogar y una buena base académica ofrecida por la escuela, pueden garantizar una buena efectividad académica en los años escolares subsiguientes.

Pero, si el personal académico de estos niveles es que posee el IGS más bajo, los requerimientos para la profesión de maestro son los más bajos; y a esto e añadimos que las universidades privadas no exigen requerimientos especiales para ser maestros, nuestro sistema escolar se tambalea. No solo se tambalea, en el presente estos sistemas educativos, públicos y privados, adolecen, mayoritariamente, de maestros con altas capacidades intelectuales, quienes formarán a nuestros hijos.

¿A dónde podemos recurrir? ¿A cuál alternativa pueden optar los padres con hijos en edad escolar?

El negocio de la educación

Para los sistemas educativos, públicos y privados, tal parece ser que lo loable del propósito se ha convertido en una estrategia comercial con buenas ganancias. Para el gobierno, si las escuelas están por debajo del rendimiento esperado, el Gobierno Federal de los Estados Unidos de América le otorga una gran cantidad de fondos para que las mismas puedan avanzar en sus gestiones académicas. Sin embargo, esto parece estar lejos de la realidad ya que las escuelas continúan con bajo rendimiento económico y siguen recibiendo más fondos federales. Parece el cuento del nunca acabar.

Para las escuelas privadas, también existen fondos federales que cubren los costos de capacitación de recursos bajo ciertos programas conocidos como Título I, Título II y Título III. Además, pueden contar con más fondos federales para subvencionar los servicios de alimentos dentro de las escuelas privadas. ¡Otro negocio redondo!

De hecho, muchas familias seleccionan estas escuelas privadas, en dónde el sistema público les paga los costos de matrícula a las familias que así los solicitan. Este sistema se conoce como el Programa de Vales Educativos. El sistema privado en muchas ocasiones es preferido sobre el público, porque las familias lo ven más seguro para sus hijos. O sea, las familias buscan la seguridad física, más que la mejor educación para sus hijos.

Cuando a las familias se les agotan las alternativas, tiene la opción de crear su propia escuela o recurrir a la educación en el hogar.

El garaje de la casa como escuela privada

Para la familia que desea crear su propia escuela, el gobierno y sus agencias de permisos le proveen las licencias necesarias para que puedan operar. Entre los requisitos para solicitar está pagar un canon por manejar la solicitud, debe tener una propiedad (que puede ser el garaje de su casa) en buenas condiciones físicas, que tenga sillas, pizarra, baños y área para alimentación. Además, debe presentar una guía curricular para ofrecer (muchas de ellas se consiguen en línea o (adoptan una filosofía de alguna escuela conocida). La nueva escuela comienza a ofrecer sus servicios de forma limitada en su comunidad y la hace accesible a sus vecinos y amigos, quienes, conociendo a la persona, se entregan fácilmente a este tipo de educación, sin ver las posibles consecuencias a largo plazo. Consecuencias como la continuidad de servicios, y posibles certificaciones necesarias para continuar en grados subsiguientes.

La educación en el hogar como alternativa

Para otras familias que no encuentras opciones académicas para sus hijos, ya sean de educación especial, sean superdotados, o sencillamente, no encuentran un sistema adecuado para su prole; entonces, la educación en el hogar puede ser la alternativa.

La educación en el hogar no es una alternativa fácil de llevar como muchos piensan. Es más fácil llevar los niños durante la mañana y buscarlos en la tarde.

En varias ocasiones el Gobierno de Puerto Rico y su Legislatura han tratado, infructuosamente, de regular esta manera de educar. Las familias que educan a sus hijos en el hogar, le han demostrado al gobierno que su sistema de enseñanza en el hogar es mucho mejor que el ofrece el estado y el que ofrece la escuela privada.

En otro intento de regulación, trataron de que el sistema educativo certificara y supervisara las escuelas en el hogar, saliendo a luz que ni ellos mismos habían podido certificar ni el 20% de sus escuelas públicas, ni el 14% de las privadas. Además, que el tratar de que el sistema público entre al hogar privado, constituía una violación de derechos a la intimidad, protegido por nuestra constitución.

Para los estudiantes educados en el hogar y que han terminado su escuela superior, la Universidad de Puerto Rico desarrolló un protocolo de aceptación de esta población estudiantil. Claro, establece requisitos más exigentes que a las escuelas, pero, estos estudiantes han logrado sus espacios sin problemas.

Nuevamente, la competencia y el negocio de la educación han abierto las puertas para que las universidades privadas acepten al educado el hogar, eliminando algunos requisitos que impone la universidad del estado.

Los estudiantes superdotados

Como mito principal, se ha entendido que los niños y jóvenes con inteligencia superior no necesitan atención especial. Como son seres diferentes que piensan, actúan y aprenden de forma acelerada, no requieren de esta ayuda especial. Siempre pensamos que 'como son dotados, son autodidactas y autosuficientes'. Otros dicen que 'Si son tan inteligentes, se las pueden arreglar por sí solos'.

En ocasiones son sus familiares su único punto de apoyo; siempre y cuando, cuando los padres reconozcan las capacidades de sus hijos.

Porque también existen padres que no entienden este proceso. Cuando los padres y los maestros no tienen el conocimiento sobre lo que significa ser dotado intelectual, y tampoco sirven de apoyo a sus hijos y estudiantes aquí es donde comienzan a surgir los grandes males sociales. Esto se da por la falta de preparación profesional en la Academia.

Si bien es cierto que estos niños aprenden con facilidad, también es cierto que tienden a aburrirse con facilidad en el salón de clases. En muchos casos, los maestros se niegan a hacer excepciones dentro del salón, otros se niegan a atenderlos, mientras que otros sencillamente lo refieren como niños con problemas de aprendizaje. Por ejemplo, ha habido casos de niños excepcionales que han sido mal identificados como niños con déficit de atención e hiperactividad o autistas. En ocasiones son drogados o medicados para calmarles esa sed de conocimiento que poseen. ¡...y luego les decimos que no usen drogas!

El "Déficit de Atención" es una de las primeras alternativas que se nos viene a la mente cuando enfrentamos una situación en el salón de clases. Hay ocasiones (y son muchas) donde el problema de atención está en los padres y hasta en los maestros. Hay que llevar un mensaje informativo a todos los niveles. Desde el hogar, la escuela y la comunidad en general. Se tiene que informar adecuadamente a nuestra sociedad.

Cada día nuestros niños sufren del aburrimiento escolar, la falta de motivación, falta de un método con objetivos claros y falta de un currículo diferenciado y dinámico que atienda sus necesidades intelectuales. Esto lleva a nuestros niños al fracaso, la frustración, la deserción escolar, las drogas, hasta el suicidio. Una vez ya dentro del grupo de desertores escolares, lo único que nos queda es ofrecerles cursos vocacionales o de rehabilitación.

Pongámonos a pensar, de los grandes crímenes sin esclarecer, los grandes robos, las grandes estafas, los grandes escándalos financieros, las grandes masacres.... ¿Fueron realizados por mentes comunes y corrientes, o por mentes prodigiosas?

Cuando hablamos de los problemas sociales de nuestro país nos preocupamos por resolver lo que surge de día a día. Siempre estamos reaccionando a cada situación, a cada emergencia. Poniendo 'parchos' como decía mi abuelo. En ocasiones nos dedicamos a resaltar y promulgar la problemática existente, incluso nos dedicamos a criticar y a evaluar resultados; muchas veces, sin bases, ni fundamentos. En raras ocasiones proveemos soluciones viables para minimizar, resolver o evitar los problemas.

Después de varios años y décadas de evaluación se ha determinado que el proceso educativo necesita cambios radicales. Cambios que motiven al estudiantado, que lo estimulen y lo inspiren a ir más allá de sus capacidades físicas y/o mentales. Es por esto, que cada día se hace más urgente presentar ideas educativas innovadoras, de avanzada, y viables para desarrollar. Cuando se presentan y se comienzan estas alternativas es que podemos decir que comenzamos a trabajar para:

- Disminuir la criminalidad
- Disminuir el hacinamiento carcelario
- Disminuir la deserción escolar
- Disminuir los problemas mentales
- Disminuir casos de suicidio infantil y juvenil
- Reducción de costos en rehabilitación

Esta nueva filosofía educativa y nuevo plan de trabajo tiene que ser uno en equipo (padres, maestros y directores escolares) concertado, planificado y flexible.

¿Entonces, qué falta?

Falta el compromiso de la universidad. Compromiso para abrir puertas a los estudiantes dotados. Compromiso para crear cursos y programas universitarios para capacitar a los profesionales de la educación. Compromiso para crear programas y talleres para los profesionales activos que no tuvieron la oportunidad de aprender sobre cómo lidiar con esta población.

Falta mucho camino por recorrer, pero se necesita de la unión de voluntades para trabajar mano a mano por nuestros estudiantes, por nuestra educación y por el futuro de nuestro país.

Esta falta de apertura, de permitir la capacitación de recursos especializados, abona a que la crisis continúe y se exacerbe. A las familias con estudiantes dotados, ya no le quedan opciones en las escuelas. ¿A dónde podemos ir?

La decisión de Nueva York

Uno pensaría que salir del país puede ser una buena opción. Sin embargo, recientemente, en el estado de Nueva York, su actual gobernante ha decidido eliminar los programas para estudiantes dotados. Su grupo de asesores ha identificado que existe un discrimen al ofrecer servicios especializados para esta población.

Aducen que las minorías compuestas por latinos, negros, entre otros; no tiene acceso a estos programas, como debería ser. Es increíble que decidan eliminar un programa exitoso porque encuentran discrimen en el proceso de selección. Es como ponerle una sábana encima del problema para ocultarlo. El discrimen perpetrado es el real problema. Piensan que eliminando el programa, se acabe el discrimen. Cree que las familias son tan tontas que no se darán cuenta de lo que realmente ocultan. Ineptitud para lidiar con la crisis que provoca el discrimen de parte de los oficiales del programa.

Conclusión

La crisis en los sistemas educativos es una que aparenta no tener solución inmediata. Los problemas de base son tan grandes y profundos que se entronizado de tal manera que implicar eliminar el sistema educativo de raíz, para comenzar con un sistema nuevo, con nuevas metas, nueva filosofía de aprendizaje, nuevos requisitos y más exigentes para la preparación de maestros, establecer nuevos sistemas de evaluación y progresos, entre otras opciones a eliminar.

Proponer que la posición de Secretario de Educación sea una de por lo menos diez años de servicios, para que se pueda implantar una nueva política pública educativa.

Para poder realizar algo así, habría que detener los sistemas educativos por espacio de 4 a 10 años. Algo que definitivamente es prácticamente imposible de realizar.

Si un candidato a gobernador pensara esto, no tendría la más mínima oportunidad de prevalecer en unas elecciones.

Ensayo 3 - Educación Comparada

Al evaluar sistemas educativos entre países, se busca los elementos que los convierten en modelos exitosos y aquellos otros que podemos estudiar, para adoptarlos y adaptarlos para no llegar a tener un sistema fracasado. Resulta, en ocasiones, infructuoso imitar otros sistemas que no encajan porque la cultura es diferente, el tipo de gobierno este diferente; y más disímiles son la economía y los recursos gubernamentales disponibles para implantarlos y se desarrolle un sistema aceptable en términos académicos.

Con más de 60 años de servicio, los proponentes de las pruebas internacionales PISA (Programme for International Student Assessment) han establecido un programa para comparar la efectividad de la educación entre países los países que se acogen al mismo. Para estas pruebas, en el 2018, participaron sobre 600,000 estudiantes de 79 países, en donde se evalúan las destrezas en matemáticas, ciencias y lectura.

Entre los países con mejores resultados en estas pruebas se encuentran China, Singapur y Macao, en las posiciones 1, 2 y 3, respectivamente. De los países del continente americano aparece Estados Unidos de América en las posiciones 38 en matemáticas, 19 en ciencias, y 13 en lectura. Luego, entre los países de Latinoamérica se encuentran en matemáticas Uruguay en la 59, México en 62 y Costa Rica en la 64; en el área de ciencias, Chile en el 46, Uruguay 54 y México 58; en el área de lectura están Chile en la 44, Uruguay en la 49 y Costa Rica en la 50.

Entonces, ¿qué está sucediendo con la educación de América Latina? ¿Podemos adoptar y adaptar estos sistemas exitosos? ¿Pueden los gobiernos auto dirigirse hacia un proceso educativo con éxito? Son solo algunas preguntas que los gobiernos deben analizar y contestar, si es que realmente les interesa tener un pueblo educado. Veamos algunos sistemas educativos y cómo el nuestro compara con ellos.

Sistema educativo finlandés

El principal objetivo de la educación finlandesa es que sus ciudadanos puedan recibir una educación de calidad, sin importar la situación económica familiar. La idea es que cada individuo se convierta en un ciudadano activo, útil y productivo para la sociedad y el país. En Finlandia, la educación es gratuita para los niveles de prescolar, elemental y superior. Además, es de gran calidad y de alto nivel. Su sistema educativo se divide en varios niveles a saber. Lo conforman, la educación infantil, la preescolar, la básica (del primero a sexto grados), la secundaria (del séptimo al duodécimo) y la educación superior (tecnológica y universitaria). Dentro de los niveles de secundaria y superior se incluyen muchas alternativas que los estudiantes pueden seleccionar, luego de aprobar un examen estandarizado en el país.

Educación infantil

La educación es un derecho fundamental, aún para los niños que están en edad preescolar. En Finlandia, la misma comienza con los centros de cuidado diurno hasta los jardines de infantes. En estos programas la familia puede participar en el proceso educativo de sus hijos. Pueden participar al menos unas 20 horas semanales, o más, si los padres están trabajando o estudiando. La idea es ayudar a los niños en su desarrollo personal y emocional, mientras también se ayuda al bienestar de la familia. En el proceso, los niños adquieren destrezas y habilidades manuales, aprenden a socializar y a desarrollar otras formas de aprender. Se aprende jugando mucho, mientras mantienen el idioma nativo, que puede ser sueco o finlandés. También tiene un programa de educación especial para aquellos que lo necesitan.

El sistema educativo es financiado con los impuestos que cobran a sus ciudadanos y empresas, razón por la cual resulta más económico para las familias que deciden inscribir a sus hijos en el sistema escolar gubernamental. También existen los centros privados de educación infantil que son costeados por las familias pudientes. Sin embargo, la calidad de la educación es muy similar a la que provee el país.

Enseñanza preescolar

La entrada oficial a la educación escolar es los seis años, los niños tienen que tomar un año en el preescolar, el cual es obligatorio. Esta es ofrecida por los municipios y es libre de costos para las familias. Un elemento muy importante es que los maestros del preescolar tienen una educación formal y un título universitarios para trabajar con los estudiantes de este nivel. Regularmente, la educación preescolar consta de 20 horas semanales, de lunes a viernes; y pueden ser más horas si las familias trabajan o estudian. Durante el año escolar, los estudiantes aprenden a trabajar con números y letras, utilizando el juego como elemento base para la educación. Esta educación es hasta los seis años.

Educación básica

La educación básica comienza a los siete años, y es obligatoria para todos los niños en Finlandia. La misma consta de nueve cursos (nueve años escolares, desde primer grado hasta noveno grado). Al igual que la educación infantil y la educación preescolar, la educación básica es costeada por los impuestos y es gratuita para las familias. Los primeros años escolares en este periodo básico son de 20 horas, y las mismas van aumentando según el estudiante va adelantando en sus cursos.

A todos los maestros de educación básica, hasta sexto grado, se les requiere un título de maestría con especialidad en educación. . Los maestros de séptimo a noveno grados necesitan estar especializados en las asignaturas que enseñan. Todos los maestros tienen libertad de cátedra, siempre cumpliendo con los requisitos establecidos en los programas educativos a nivel local y nacional.

Es completamente normal que los estudiantes permanezcan con los mismos maestros durante los primeros seis años escolares. De esta manera, los maestros tienen un mejor conocimiento de las necesidades y los intereses de sus estudiantes. El proceso de aprendizaje es responsabilidad de los estudiantes y sus familiares.
Los maestros realizan las evaluaciones y las calificaciones durante el periodo escolar. El estudiante no se expone a evaluaciones estatales. Pero, se realiza un sistema de seguimiento en donde se toman muestras aleatorias, durante el noveno grado, para determinar la efectividad de la educación y la efectividad de los maestros. Las personas inmigrantes adultas tienen la oportunidad de recibir educación básica en escuelas especializadas para adultos.

Educación secundaria

Una vez el estudiante está en noveno grado, puede solicitar continuar sus estudios en la escuela secundaria. Esta educación es libre de costo para las familias. De igual manera, la continuidad de estudios de bachillerato y educación profesional son consideradas como parte de la educación secundaria.

Bachillerato

El bachillerato en Finlandia es equivalente a los grados de la escuela superior en EEUU. Al igual que en la escuela superior, el programa de bachillerato no prepara al estudiante con una formación de corte profesional. Básicamente se ofrecen los mismos cursos que en los niveles anteriores con unas exigencias más avanzadas, en donde el estudiante trabaja de forma individual y autónoma. El programa de bachillerato tiene una duración que puede durar entre dos a cuatro años. Esto depende del trabajo individual que realiza cada estudiante. Estudiante que tiene la capacidad intelectual de avanzar grados, tiene la oportunidad de entrar a la universidad a una edad más temprana de lo usual y prepararse en la profesión seleccionada. Esta educación se ofrece en sueco o finlandés, aunque en algunos centros se ofrecen en inglés o francés.

Formación profesional

Durante la formación profesional el enfoque principal está basado en la práctica, en donde lo fundamental es realizarla en el lugar de trabajo. Esto permite aprender los fundamentos profesionales aproximadamente en tres años. De ahí, el estudiante continúa estudiando hasta lograr el diploma de formación profesional o el título de su especialidad. El título de formación profesional, el estudiante lo puede obtener por un contrato de prácticas y se le permite recibir un salario de acuerdo con la práctica realizada.

Estudios superiores

Existen centros de estudios superiores, como escuelas politécnicas y universidades, para aquellas personas que desean adquirir mayor conocimiento y estudios doctorales. Algunos de estos pueden ser libres de costos o con pagos de parte de las empresas o de los estudiantes.

Escuelas politécnicas

Las personas que eligen continuar estudios en escuelas politécnicas están más enfocadas en la práctica y la experiencia en el área de especialidad. Esta puede tener una duración aproximada de tres a cinco años, requiriendo un mínimo de tres años en la misma práctica.

Universidades

Para los que desean continuar los estudios universitarios, estos se basan más en los trabajos de investigación. Pueden tener una duración de tres años, que se conoce como ciclo corto; o de cinco años para el título de ciclo largo. Una vez completado el ciclo de maestría, se puede continuar para lograr un título doctoral.

Diez pilares del sistema educativo de Finlandia

En Finlandia, al sistema educativo se le considera como uno delos mejores en el planeta. Sus resultados en los informes de PISA así lo comprueban. Para conocer mejor a qué se debe el éxito del sistema finlandés, veamos algunas de sus características:

1. La profesión del magisterio es una de las más valoradas en el país. El maestro tiene una posición de prestigio que incluye una extensa preparación, con gran autoridad en la escuela y salarios de excelencia.
2. La educación es accesible y gratuita para todos, sin importar la situación económica de la familia. Es obligatoria y gratuita para todos, especialmente si el estudiante está entre los siete y los 16 años. Los libros y el material escolar también el estado los provee de forma gratuita. Igualmente sucede con la alimentación (al menos una por día). Si el niño vive a más de 5 kilómetros de la escuela, el gobierno paga el transporte.
3. El gobierno reparte de equitativamente el dinero recaudo en los impuestos entre los centros educativos, basado en las necesidades. Por lo tanto, la igualdad es un valor muy especial cuando se trata de brindar buenas oportunidades para todos.
4. El gobierno provee un currículo común. Sin embargo, cada escuela con sus maestros capacitados planifica, de la mejor manera posible, como alcanzar los objetivos establecidos por el país.
5. La educación se individualizada y personalizada. Se preparan los programas para manejar a los estudiantes con necesidades especiales, para evitar o minimizar el fracaso escolar. La diferencia en los ritmos de aprendizaje es respetada, y se buscan evitar las pruebas estandarizadas.
6. A los estudiantes se les provee tiempo para todo. Se toma muy en serio el proceso, pero, se reserva tiempo para la diversión y el reposo. Los trabajos o asignaciones se realizan en la escuela, permitiendo un ambiente familiar más saludable.
7. Para los maestros, prepararse para las clases es parte de la jornada laboral. La escuela les provee tiempo de preparación. Al igual para trabajar en equipo con el resto de sus compañeros de trabajo. Así tienen tiempo disponible para mantener la unión familiar lo más saludable posible.

8. Se evita la competencia y las ubicaciones por números hasta el quinto grado. Las calificaciones que reciben las familias son por descripciones del trabajo realizado en clase y no por notas o calificaciones.
9. La investigación, la curiosidad y la participación son premiadas. De igual manera, el tener iniciativas es bien valorado tanto en la escuela como en la sociedad. Por lo tanto, las áreas creativas como las artes, las tecnologías y las ingenierías son altamente apreciadas y promovidas en el país.
10. La integración de los padres en el proceso educativo es esencial. Para las familias, la sociedad y el gobierno, la educación es fundamental para el desarrollo del país. Esta se complementa con las actividades cultural, que son muy bien promovidas por el gobierno.

Indudablemente, el sistema educativo de Finlandia es uno de excelencia. En términos gubernamentales, Finlandia tiene un sistema con múltiples partidos políticos. Lo normal es que existan coaliciones entre partidos que conforman la mayoría de los escaños del su Parlamento. Además, los otros partidos del bloque socialista y no socialista no logran suficientes escaños para poder gobernar el país, permitiendo cierta estabilidad gubernamental, económica y educativa.

El sistema educativo de China - Un cambio para el futuro

Por los pasados 30 años, China tiene un crecimiento sostenido anual, del Producto Interno Bruto (PIB), entre 7% y 8%. Esto lo presenta como la segunda economía durante las últimas tres décadas, China ha tenido la tasa de crecimiento del PIB promedio más alto del mundo. El sistema educativo chino se reconoce como el grande a nivel mundial, con cerca de 260 millones de estudiantes, 15 millones de educadores y más 514 mil escuelas, incluyendo otras instituciones educativas.

El sistema educativo chino tiene una trascendencia de más de 2,000 años. Durante unos 14 a 15 siglos fue un sistema para la clase privilegiada del país. Teniendo acceso a ella, los funcionarios gubernamentales y los burócratas del imperio. Durante la dinastía Tang (618-907 DC) este sistema tuvo una mayor apertura en donde hijos de familias de clase media tuvieron la oportunidad de acceder al mismo, permitiendo la reducción en las diferencias entre clases sociales. Para comienzo del siglo 20, el gobierno chino presenta muestras de rezago académico; y para la mitad del siglo presenta un 80% de analfabetismo. Según registros históricos la matrícula para la escuela primaria y secundaria apenas alcanzaba el 20% y el 6%, respectivamente.

Revolución cultural

Para la década del 60, China promulga su Revolución Cultural. Sin embargo, el desarrollo cultural y el educativo se quedaron estancados. No es hasta la década del 80 y finales del siglo 20 que llevaran a cabo grandes reformas que aumentaron el acceso a una buena educación. El gobierno chino tomó la educación como prioridad del país e hizo que la misma fuera a la par con su desarrollo económico. Su desarrollo de la economía ha sido tan positivo que esto le permitido ofrecer la educación de forma gratuita, lo que atrae, de igual manera, a las familias con bajos recursos económicos. Además, el gobierno ha permitido el desarrollo de la educación privada como alternativa, sin bajar ni menospreciar la calidad de la educación pública.

Estos pasados años, el gobierno chino ha descentralizado su sistema educativo y ha permitido que los estados y municipios sean los responsables de la educación de sus conciudadanos. De igual maneras, se desarrollaron programas regionales que se encargan de administrar la educación superior.

Al igual que el sistema educativo finlandés, el gobierno chino ha tenido un gran respeto y aprecio por sus educadores. Como parte del desarrollo profesional de los educadores, el gobierno chino exige que los maestros tomen 360 horas de capacitación cada cinco años. Una gran inversión con grandes exigencias educativas. Además de una excelente remuneración por el servicio que brindan para el desarrollo educativo y económico del país. Esta capacitación permite que el educador tenga no solo adquiera conocimientos en los avances educativos y tecnológicos, sino no que también, mantenga su compromiso firme ante el país.

Para el 2025, el gobierno chino espera invertir cerca de $1,300 millones de dólares en la capacitación de docentes para las áreas rurales del país. Esta incluirá inversión en:
 a. El desarrollo de escuelas en zonas rurales, remotas, pobres y minoritarias
 b. Desarrollo de la educación preescolar, primaria y vocacional
 c. Programas de becas para estudiantes de familias necesitadas
 d. Formar equipos de educadores de calidad.
 e. Erradicación del analfabetismo
 f. Aceleración del desarrollo de la educación preescolar
 g. Promover la educación obligatoria para niños de nueve años
 h. Continuar mejorando la calidad de la educación obligatoria en las zonas rurales, ya que sus esfuerzos se han visto recompensados con resultados socioeconómicos.

Educación preescolar

El sistema educativo comprende de los niveles de educación preescolar, educación primaria, educación secundaria y educación superior. Es compulsorio que los estudiantes completen nueve años de educación. La educación preescolar comienza es partir de los tres años y puede continuar hasta los seis. La educación preescolar no es obligatoria. Por lo tanto, proliferan los centros preescolares privados como parte de una necesidad para las personas que trabajan.

Educación primaria y secundaria

La educación primaria comienza a los seis años. Este periodo, los niños deben estar durante seis años. Luego pasan a la educación secundaria que se dividen en dos partes: secundaria inferior y secundaria superior. En

cada parte el estudiante estará tres años, para un total años adicionales a la primaria. En China existen cinco modalidades de escuelas secundarias:
1. Escuela general
2. Escuela técnica y de especialidad
3. Escuela para para adultos
4. Escuela profesional
5. Escuela de oficios.

Las últimas cuatro modalidades se consideran como escuelas secundarias profesionales. Una vez terminada la educación primaria, todos los estudiantes toman un examen público. Luego, el gobierno determina a qué escuelas pasan los estudiantes, dependiendo de los resultados obtenidos por el estudiante. En los últimos años, el gobierno chino ha realizado esfuerzos considerables para aumentar la Con miras a satisfacer las necesidades económicas y profesionales del país, China busca aumentar la participación en las escuelas secundarias, especialmente las escuelas vocacionales. Según la UNESCO, para el 2014, la participación estudiantil en las escuelas secundarias en China estaba cerca del 22% de la matrícula total. Más sorprendente aún, es la participación del 95% de los graduandos de la educación secundaria inferior, que continuaron en superior, sin que esta fuera obligatoria. Anteriormente, solo el 40% continuaba sus estudios.

Educación superior

Una vez culminada la educación superior, los estudiantes toman un examen de ingreso para la universidad. Esto le permite al estudiante elegir la institución educativa en la cual desean proseguir sus estudios de carrera profesional. Es un proceso bien competitivo, ya que solicitan sobre 10.3 millones para cerca de 9 millones de puestos disponibles.

Hoy día China tiene más de 2,700 escuelas de educación superior. En cuanto a los cursos universitarios tiene varios niveles. Está el curso de pre-grado que requiere de cuatro años de estudios. En los cursos de posgrado, la maestría requiere de tres años de estudios, y el doctorado entre tres y cinco años adicionales.

Las reformas educativas también incluyeron la mejora del currículo escolar, no limitado a materias de lenguaje tradicional como mandarín e inglés, o materias de ciencias duras como matemáticas, física, química, biología o incluso actividades, prácticas integrales como educación física y artes. El programa de los estudiantes se complementa con actividades adicionales como tecnología de la información, investigación científica, servicios sociales comunitarios, sociología, música y en algunos casos robótica y tecnologías disruptivas como la biotecnología., Las tecnologías espaciales son materias que siguen los estudiantes de educación primaria y secundaria. , y que tienen como objetivo mejorar la creatividad y el desarrollo de la responsabilidad social a través de experiencias prácticas de los jóvenes.

Exportando estudiantes

China es el principal exportador de estudiantes hacia el extranjero. Para el 2016, había exportado 545,000 estudiantes y aumentó a 663,000 en el 2018. Del total de estudiantes en el extranjero, un 80% de ellos optó por regresar a su país, una vez concluidos sus estudios. De igual manera, China recibe cerca de 100,000 estudiantes de intercambio.

Las universidades de Tsinghhua y Pekín se encuentran en los puestos 23 y 24, respectivamente, en la clasificación de universidades mundiales, según el Times Higher Education del 2020.

Para concluir el tema de la educación en China, es importante mencionar que las reformas educativas han sido las responsables principales del desarrollo económico del país. Aproximadamente, unos 70 años atrás el analfabetismo en China rondaba el 80%. Para el 2020, el alfabetismo está en 96.8%, según datos de la UNESCO.

La educación en China es un derecho para todos y una obligación universal. Es la base y el símbolo de la civilización de estos tiempos y se considera el eje principal del desarrollo a largo plazo del país.

La educación en Singapur

El más reciente informe PISA deja muy claro el éxito del sistema educativo de Singapur. Estas pruebas miden el rendimiento académico de estudiantes de 72 países, en las áreas de matemáticas, ciencias y lectura. En Singapur, el 25% de sus estudiantes obtuvieron una puntuación máxima en el área de ciencias.

Tres niveles educativos

El sistema educativo de Singapur tiene tres niveles básicos: El programa preescolar, la escuela primaria y la escuela secundaria. El programa preescolar comienza a la edad de cuatro años. Al cumplir los 6 años pasan a la escuela primaria en donde estarán por un periodo de seis años adicionales. Luego de culminar estos seis años, los estudiantes toman una prueba estatal que determina los estudios a seguir en la secundaria.

La escuela secundaria ofrece una diversidad de programas. Los estudiantes tienen acceso a diferentes programas. Por ejemplo, para los estudiantes que quieren continuar estudios universitarios está el Programa Integrado. Para aquellos que tienen talentos en áreas específicas están los Programas Especializados, que incluye las artes y los deportes.

Menos tiempo lectivo y más reflexión

El estudiante de primaria toma cinco horas de clases diariamente. Esta aumenta a seis horas cuando el estudiante pasa a secundaria. Lo más importante en este sistema educativo, no es la cantidad de horas que los estudiantes están en la escuela, sino la calidad de la educación misma. Se busca evitar la memorización y se invita al estudiante a pensar, reflexionar y crear.

Sistema de competencias y bilingüismo

La clave es preparar a sus estudiantes para este mundo competitivo y globalizado, en Singapur la educación bilingüe es obligatoria. Los estudiantes toman cuatro horas de inglés, tres días a la semana.

Como objetivo principal está el lograr la máxima educación y cualificación de sus estudiantes. Para ello, se realizan clasificaciones entre los propios estudiantes de cada clase y se premia a aquellos que logran los mejores resultados.

Las 10 claves de la educación

1. La educación es la columna principal para el desarrollo del país. Desde su independencia en 1945, la inversión en la educación es lo más importante para mejorar la situación económica y social. El compromiso académico es compartido entre el gobierno y la empresa privada.

2. La excelencia y la competitividad son premiadas y constituyen las bases fundamentales de la educación. El objetivo es que los estudiantes obtengan las mejores calificaciones. Que estén bien educados, preparados y se conviertan en la fuerza económica del país. Este sistema organiza a los estudiantes según su desempeño académico. Además, promueve y premia a los que logran los mejores resultados. Es común que los resultados se publiquen para

que los estudiantes se estimulen y motiven a rendir el máximo. Esto también ayuda a que los padres se preocupen por la educación de sus hijos.

3. Aprender a pensar y no memorizar es otro de los objetivos de este sistema educativo. Hacer preguntas, investigar, informar y crear son funciones ejecutivas que se practican desde los grados primarios. Esto se comprueba en los resultados de las pruebas PISA.

4. Un currículo diverso y flexible. Permite que los estudiantes y sus familias seleccionen programas que vayan de acuerdo con sus intereses y necesidades. También tienen la oportunidad de escoger un programa que se ajuste mejor a su forma de aprender. Entre las alternativas educativas se encuentran las tecnológicas, artísticas y deportivas. Además de las alternativas generales de ciencias y matemáticas, entre otras.

5. Independencia académica o libertad curricular. El currículo es diseñado a nivel central gubernamental. Pero con la descentralización progresiva del sistema educativo se la da mayor libertad y autonomía para cambios a los centros escolares. Cada centro establece sus objetivos que se evalúan periódicamente, y se realizan auditorías externas cada seis años.

6. Cada estudiante es evaluado y se establece su programa educativo basado en resultados académicos. Cuando culmina su escuela primaria, el estudiante toma un examen para decidir en qué modalidad continúa estudiando. Igualmente sucede cuando termina la escuela secundaria, para definir el curso de estudios universitarios y formación profesional.

7. La facultad académica está muy preparada y es muy valorada por la sociedad en Singapur. Es una profesión con gran prestigio social y el sistema se encarga de buscar y seleccionar a los mejores candidatos para la cerrera magisterial. El sistema educativo le provee al maestro todos los recursos necesarios para que puedan ofrecer una educación de óptima calidad.

8. Evaluación y compensación del docente. El maestro recibe una alta compensación por sus servicios al país. Se les exige tanto al igual

que se les valora. Se evalúa e incentiva a los docentes. A los profesores se les exige tanto como se les valora. Tienen un sistema de evaluación anual de rendimiento que buscar sacar el mayor provecho de las capacidades del maestro. Según los resultados se les provee capacitación adicional.

9. La educación bilingüe es obligatoria. Desde que Singapur logró su independencia, una de sus primeras gestiones fue establecer, como obligatoria, la enseñanza en inglés desde la escuela primaria para que puedan entrar de lleno al mundo globalizado.

10. La preparación y formación profesional es de suma importancia. En Singapur es muy importante tener profesionales bien educados y preparados para ejercer sus funciones. Es por esto que cuentan con el Instituto de Educación Técnica (ITE) que prepara trabajadores para distintas áreas de servicios en el país.

La educación en el continente africano

La educación en el continente africano presenta unos desafíos que son necesarios atender para que los estudiantes puedan tener opciones futuras aceptables. Para todos, el aspirar a una educación de excelencia, que sea inclusiva y de equidad, es un enorme reto. En África no deja de serlo.

A nivel mundial, hay sobre 260 millones de niños y niñas que no pueden ir a la escuela por la pobreza, el discrimen, la desigualdad y otros problemas. Sesenta y cuatro millones estarían en escuela primaria, 61 millones en escuela intermedia (grados 7 al 9) y 138 millones en secundaria (grados 10 al 12). Estos se distribuyen de la siguiente manera:

- 97.3 millones de estudiantes en África Subsahariana
- 96.7 millones en Asia Meridional
- 29.9 millones en Asia Oriental y Suroriental
- 18.5 millones en África del Norte y Asia del Oeste
- 12,6 millones Latinoamérica y Caribe
- 5.2 millones en Europa y el Norte de América
- 0.9 del millón en Asia Central
- 0.8 del millón Oceanía.

Al evaluar estos números podemos ver que dentro de la educación primaria hay unos 64 millones de niños fuera de la escuela. De estos, unos 35 millones de niños de primaria, se encuentran en África Subsahariana.

De educación secundaria inferior, 27 millones están en África Subsahariana y en edad secundaria, 67 millones están en Asia Meridional.

Inclusión y exclusión

Lamentablemente, África Subsahariana presenta una de las tasas altas de exclusión educativa. Más del 20% de los estudiantes de edades entre 6 y 11 no asisten a la escuela. De igual manera, un 33% de los estudiantes entre 12 y 14 tampoco asisten. Según la UNESCO, aproximadamente el 60% de los jóvenes de 15 a 17 años no están en la escuela. El discrimen por género discrimina tanto que las niñas de todas las edades son excluidas, en su mayoría, de una educación propia. De cada 100 niños que asisten a la escuela primaria, a 121 niñas se le niegan el derecho a la educación primaria. Por lo tanto, hoy día, la educación para las niñas en África Subsahariana se convierte en una prioridad. Es una situación que requiere acción urgente porque se pondrá peor por la gran demanda por la educación y el aumento población de niños en edad escolar.

Una educación de calidad, no cualquier educación, es la herramienta más importante para combatir la desigualdad de forma urgente. Es un derecho fundamental que tenemos los seres humanos. Es la forma que tenemos para garantizar, promover y proteger un ambiente social justo y digno.

Una educación de calidad debe abarcar estos aspectos esenciales diferentes:

- El desarrollo integral pleno de la personalidad del ser humano.
- La adquisición de conocimientos, desarrollo de talentos y habilidades que son muy necesarios para tener una mejor calidad de vida.
- La capacitación de profesionales que ayudarán en formación de una sociedad más justa.

Sistemas políticos

En África, coexisten 14 países, con sistemas políticos diferentes, que buscan mejorar la calidad de vida de sus ciudadanos por medio de la educación, buscando atender las comunidades más vulnerables, a través de acciones de cooperación y desarrollo, que buscan mejorar las condiciones de vida de poblaciones vulnerables a través de la educación. Se centran en proporcionar acceso a una educación de calidad a las poblaciones más desfavorecidas. Entre ellas Etiopía, Sudán del Sur, República Democrática del Congo, República Centroafricana, entre otras.

Uno de los grandes problemas que enfrentan los países africanos al tratar de implantar políticas comunes educativas, es la diversidad de gobiernos existentes. La lucha entre etnias y la falta de una educación anterior, anteponen los orgullos nacionalistas y culturales ante una visión de futuro mediante la educación su gente.

Iniciativas educativas

Como parte de la integración de varios estados africanos, han diseñado y ejecutado propuestas integrales basadas para busca la manera de eliminar la exclusión y proteger la vulnerabilidad de los niños. Este trabaja se ha logrado en conjunto con los grupos trabajo Fe y Alegría, y el Servicio Jesuita a Refugiados.

Por ejemplo, el grupo Fe y Alegría en unión a la República Democrática del Congo han apoyado unas 32 escuelas. Trabajan en tres zonas adicionales al sudeste del país: Kisantu, Kimwenza y Kikwit. Además, tienen líneas de acción para reforzar las capacidades de la comunidad educativa (docentes, directores-as, padres y madres y estudiantes de las escuelas), un programa radial alfabetización para adultos, desarrollar actividades extracurriculares para los estudiantes y la comunidad; y el desarrollo de actividades artísticas, deportivas y culturales para fomentar los valores familiares y comunitarios.

Para el 2030, la Organización de las Naciones Unidas ha establecidos varios Objetivos de Desarrollo Sostenible. Entre ellos el Objetivo #4 reza como sigue: "Garantizar una educación inclusiva, equitativa y de calidad y promover oportunidades de aprendizaje durante toda la vida para todos". Sin embargo, parece que las iniciativas están enfrentando escollos entre varios países africanos que no encuentran la paz entre culturas diferentes de países vecinos.

Así que, el desarrollo de una cultura de educación sostenible para los países africanos necesita de muchas manos para poner manos a la obra la reconstrucción o el levantamiento de un nuevo país con un nuevo sistema educativo justo e inclusivo.

Educación en Puerto Rico

Para analizar la educación en Puerto Rico hay que considerar varios elementos que impactan directamente el funcionamiento de los sistemas educativos en el país. Estos elementos van desde la preparación de recursos, los requisitos de admisión a la universidad, el sistema económico, el estatus político de la Isla, la prensa, y muchísimos otros más. Pretender cubrirlos todos, no es imposible. Es una tarea ardua, extensa y que requiere mucho estudio. Sin embargo, para propósitos de esta sección sobre la educación comparada presentaré algunos elementos los cuales considero de importancia.

Niveles educativos

Al igual que muchos sistemas educativos en el mundo, el sistema educativo de Puerto Rico se conforma de manera similar. Según la Constitución Puerto Rico, la educación es gratuita y es obligatoria para todo estudiante entre las edades de cinco a dieciocho años. Sin embargo, incluye excepciones como la educación para estudiantes identificados como dotados.

El nivel preescolar es para niños que no han cumplido los 5 años. La entrada oficial a la escuela es a los 5 años en el jardín de infantes conocido como Kínder. Desde el nivel de Kínder hasta el octavo grado se le conoce como la escuela primaria, según la nueva reforma educativa aprobada en marzo del 2018. La escuela secundaria es desde el noveno grado hasta el grado 12. Una vez el estudiante se gradúa de escuela secundaria o superior pasa al sistema universitario que tiene una amplia selección de alternativas.

Enmiendas a la Ley de Educación (Ley 85-2018)

La Ley 85-2018 constituye la más reciente reforma educativa del país. La ley refuerza el compromiso que se hace en la Constitución de Puerto Rico que pretende el desarrollo del máximo potencial de todos los estudiantes. Sin embargo, una vez aprobada la nueva Reforma Educativa, sufrió varias enmiendas en las cuales tuve la oportunidad de trabajar directamente porque dejaban fuera del servicio educativo a la población de estudiantes dotados o de latas capacidades intelectuales.

En apenas tres meses luego de aprobada la nueva reforma educativa, se logró enmendar la misma para incluir nuevamente a los estudiantes dotados. Esta nueva enmienda se le conoce como la Ley 144-2018, Ley del Estudiante Dotado en Puerto Rico. En el mismo periodo se firmaron dos leyes adicionales: La Carta de Derechos del Estudiante Dotados (Ley 146-2018) y la Ley 145-2018 (Ley de Becas para Estudiantes Dotados).

Veamos algunas disposiciones de las enmiendas establecidas en la Ley 144-2018.

"Artículo 1.04.-Asistencia Compulsoria.

> *a. La asistencia a las escuelas será obligatoria para los estudiantes entre cinco (5) a dieciocho (18) años de edad, excepto: los estudiantes de alto rendimiento académico; los estudiantes dotados; los estudiantes que participen de un programa educativo alterno de enseñanza primaria y secundaria o su equivalente; y los estudiantes que estén matriculados en algún programa de educación secundaria para adultos u otros programas que los preparen para ser readmitidos en las escuelas regulares diurnas o que hayan tomado el examen de equivalencia de escuela superior.*

Sección 2.- Se enmienda el inciso (i) del Artículo 9.05 de la Ley 85-2018, para que lea como sigue:

"Artículo 9.05.-Pertinencia de Programas de Estudio. —

Los programas de estudio de las escuelas se ajustarán a las necesidades y experiencia de sus estudiantes. Los directores, los maestros y los consejos profesionales, cuidarán que los cursos que la escuela imparte:

i. Cuenten con programas dirigidos a atender las necesidades académicas del estudiante dotado, sus intereses y necesidades psicosociales particulares que puedan incidir con su desarrollo holístico e integración social mediante alternativas de aceleración, enriquecimiento, agrupación, y otros modelos curriculares que le permitan recibir el aprendizaje a base de su crecimiento cognitivo individualizado.

Sección 3.- Se enmienda el Artículo 1.05 de la Ley 85-2018, para que lea como sigue:

Artículo 1.05.- Expedientes Escolares. —

El Secretario creará un registro de estudiantes dotados dentro del sistema de educación pública. Serán considerados estudiantes dotados aquellos que satisfagan la definición dispuesta en el Artículo 1.03 de esta Ley y en la reglamentación, que a tales efectos, promulgue el Secretario.

Sección 4.-Se enmienda el inciso (l.) del Artículo 2.08 de la Ley 85-2018, para que lea como sigue:

Artículo 2.08.- Deberes y Responsabilidades del Superintendente de la Oficina Regional Educativa.

1. Gestionar con las universidades de Puerto Rico la coordinación y revisión de sus ofrecimientos con las necesidades del sistema de educación pública en lo referente a:

5. El establecimiento de programas de educación continua y de readiestramiento de maestros. Se brindará adiestramientos a los profesionales de la docencia para que éstos puedan identificar asertivamente a los estudiantes dotados, de conformidad con los parámetros, que, a tales efectos desarrolle el Departamento. Disponiéndose que mientras se desarrolle el proceso de capacitación de los recursos en la escuela, los procesos de aceleración académica recomendados por el profesional certificado por el Estado no pueden ser detenidos. Los mismos deberán llevarse a cabo de acuerdo a lo recomendado."

Aún con la aprobación de estas leyes o enmiendas a las mismas, la realidad dista mucho de la promesa constitucional. Varios maestros, consejeros y directores escolares, violan la ley, al no considerar las alternativas viables ofrecidas en las leyes, al no proveer, ni permitir que se maneje asertivamente a un estudiante dotado, para poderle desarrollar su máximo potencial. Es como si la escuela se convirtiera en una oficina de detectives de déficits o problemas, en vez de ser promotores y auspiciadoras de los talentos estudiantiles.

Sistemas educativos

La selección de qué tipo de escuela selecciona la familia para sus hijos es una cuestión del ejercicio del derecho a la educación. Entre los sistemas educativos encontramos varias vertientes:

1. La escuela pública o del estado – bajo este sistema la familia cede el derecho de educar al gobierno. Es una educación gratuita y no sectaria. El sistema educativo público tiene unas 800 escuelas alrededor del país, cerca de 30,000 maestros y 270,000 estudiantes. Bajo este sistema público de enseñanza la ciudad capital, San Juan, tiene un sistema paralelo de educación que compite directamente con los otros sistemas, con la condición de que los estudiantes deben ser residentes del municipio de San Juan. Este sistema contiene los mismos niveles educativos que los demás.

2. Las escuelas privadas – en estos sistemas la familia le cede el derecho de educar a una entidad privada. Puerto Rico tiene cerca de 1,000 escuelas privadas certificadas. Algunas de estas escuelas tienen niveles limitados. Sin escuelas dedicadas al preescolar, escuela de primaria, escuelas superiores y otras que cubren varios o todos los niveles. Entre las edificaciones para estas escuelas podemos encontrar casas y hasta garajes convertidos en escuelas.

3. La escuela en el hogar – bajo esta modalidad la familia ejerce su propio derecho de educar a sus hijos, sin la intervención del gobierno u otra entidad privada. No existe metodología diseñada o currículos aprobados para este propósito. Las familias seleccionan lo que entienden es lo mejor para sus hijos, o diseñan sus propias alternativas. Hay un estimado en donde se indica que pueden existir entre 5,000 a 10,000 estudiantes educados en el hogar. Esta modalidad sigue ganando adeptos porque las familias no encuentran un acomodo razonable, para sus hijos, dentro de los sistemas públicos y privados.

> Una confusión existente bajo esta modalidad es que las familias que optan por la misma tienden a contratar recursos externos para educar a sus hijos, convirtiendo la educación en el hogar en un sistema pequeño de modalidad privada.

La situación económica

El Departamento de Educación de Puerto Rico (DEPR) para el año fiscal 2018-2019 tenía asignado un presupuesto consolidado ascendente a 3.5 billones de dólares. De estos, $2,6 billones venían de la Resolución Conjunta del Presupuesto General de Puerto Rico; $2.3 billones de Asignaciones Especiales; $8 millones de Fondos Especiales Estatales y $915 millones de Fondos Federales de los Estados Unidos de América. En términos generales, del presupuesto consolidado del DEPR, aproximadamente el 75% proviene de fondos federales.

Otro hallazgo muy interesante es que el presupuesto solo del DEPR es mayor que el presupuesto general de algunos países latinoamericanos.

A raíz de los huracanes que recientemente pasaron por Puerto Rico, causando una destrucción considerable, los terremotos al sur de la isla y los efectos de la pandemia de; Covid-19 y sus mutaciones, el Gobierno de los Estados Unidos de América, el sistema escolar se encuentra en condiciones inestables.

Con todos los fondos que llegan a Puerto Rico del Gobierno de EEUU, muchos educadores presentan la queja de que los mismos no llegan a sus escuelas, ni a sus estudiantes. Sin embargo, es de conocimiento personal que a muchos estudiantes del sistema público le han llegado miles de dólares en ayudas, tanto económicas, como equipo de computadoras, programas, accesos a internet, fondos del programa de alimentos, entre otros. Entonces, ¿qué ha pasado con todo este dinero que ha desembolsado el gobierno? Probablemente, mal uso de los mismo por parte de las familias.

La pobreza

Un estudio publicado recientemente, patrocinado por la Fundación Segarra Boerman, al Dr. José Caraballo Cueto, economista y catedrático de la Facultad de Administración de Empresas de la Universidad de Puerto Rico, se comprueba el gran aumento de desertores escolares, mayormente entre los estudiantes cuyas familias se encuentran bajo el nivel de pobreza.

Evaluando los datos obtenidos en la investigación, se encontraron elementos comunes entre los desertores escolares, siendo la pobreza el factor principal. Entre otros factores se encontraron los siguientes: vivir en municipios urbanos con gran actividad económica, ser varón, participante del programa de educación especial y tener un bajo aprovechamiento académico.

Se estima que cercano a un 50% de la población en cárceles e instituciones penales juveniles son desertores escolares. Es muy difícil que un desertor escolar pueda tener trabajos bien remunerados o que pueda tener una posición de envergadura en una empresa privada. Entonces, solo le quedan pocas opciones como la criminalidad, empleos en el mercado informal sin beneficios, o un empleo con sueldos mínimos. Esto permitirá que continúen en la pobreza, con familia e hijos con la misma condición de pobreza, creando un círculo vicioso de pobreza interminable.

El estatus político y la educación

La enseñanza del inglés ha sido una controversia desde la conclusión de la Guerra Hispanoamericana, en donde Puerto Rico pasa a ser posesión de los EE.UU. El Gobierno norteamericano impuso la enseñanza en inglés en las escuelas. Pero, los 500 años del dominio español crearon una cultura fuerte y un idioma predominante en la población. Por lo tanto, hubo una gran resistencia al idioma invasor. Para el 1940, el Gobierno de EE. UU., desistió de la obligatoriedad.

En Puerto Rico existen tres visiones filosóficas entorno a cuál debe ser la situación política del país. Estas son:

- Independencia – que aboga por la separación total de los Estados Unidos de América pensando que Puerto Rico se puede valer por sí mismo en términos económicos, políticos y sociales.
- Estadidad – que busca la unión permanente de Puerto Rico con los EE. UU. como el estado número 51, con las responsabilidades y beneficios de los demás estados.
- Estado Libre Asociado (ELA) – el estatus colonial actual, en donde Puerto Rico es una posesión de los EE. UU., no tiene voz ni voto y el Gobierno de EE. UU. impone sus leyes sobre la Constitución de la Isla. Desde 1948 ha sido la forma gobierno

Los promotores de la independencia nunca han gobernado en la Isla y solo han obtenido un 5% en las elecciones de los pasados años y décadas. Sin embargo, los gobiernos con ideales estadistas, en sus años de poder gubernamental, promueven la enseñanza del inglés al igual que el español.

Cuando entra al poder los propulsores del ELA, detienen o minimizan la enseñanza del inglés, minimizando las oportunidades de los estudiantes en curso.

Esta disyuntiva se vive cada cuatro u ocho años, en donde cada gobierno pone sus reglas de juego en las supuestas reformas educativas. Creando una inestabilidad en la manera que se dirige la educación y las relaciones con las entidades gubernamentales locales y de EE.UU.

La preparación profesional

La Universidad de Puerto Rico y las universidades privadas son las encargadas de la preparación de los profesionales en Puerto Rico. Esto, obviamente, incluyen a los futuros educadores. Sin embargo, encontramos grandes diferencias entre las universidades al momento de reclutar los candidatos a maestros.

Cada año los requisitos de ingreso a la universidad van disminuyendo, permitiendo la entrada de candidatos con menos compromiso social, menos capacidad intelectual y menos creatividad. Hay universidades que ni siquiera exigen requisitos mínimos para ser maestros. En el peor de los casos, cualquier estudiante tiene la oportunidad de ser educador. Solo basta con que emita los pagos correspondientes a su supuesta educación y formación.

Entonces, ¿quién educará a nuestros en el futuro? Por lo que estamos viendo, no van a ser, necesariamente, los mejores candidatos a maestros. Muy diferente a otros países en donde la profesión del maestro es muy respetada y remunerada.

Las reformas educativas

Cada vez que se realiza una reforma educativa se eliminan elementos importantes de la educación, se añaden beneficios para los maestros, pero no se incluyen evaluaciones sobre el rendimiento académico del magisterio. La proliferación de asociaciones y uniones de maestros, buscan defender los derechos de los maestros y ponen en segundo plano la razón de ser de los sistemas educativos que son los estudiantes. Esto provoca un disloque entre los derechos de los maestros y los derechos a la educación de los estudiantes, ya que las huelgas y paros magisteriales afectan principalmente a los estudiantes. Eso sí, los maestros siguen cobran su salario, aunque estén de brazos caídos.

Las reformas educativas son promovidas por legisladores con profundas raíces político-partidistas y buscarán la manera de favorecer a sus allegados y eliminar a sus adversarios. Todo político, poco o nada en lo educativo. Por lo tanto, la enseñanza del inglés se convierte en un problema político, olvidando la esencia educativa. Nuevamente se perjudica el estudiante y su futuro.

Uno de los elementos que debe estar en toda reforma educativa es la Academia, la Universidad, en todas sus vertientes. Pero la universidad del estado no permite injerencias del gobierno por ser autónoma y desiste de participar de las reformas. Quedando afuera un elemento de gran importancia para el desarrollo del país, la formación de los profesionales de la educación. Es muy conocido, que, en la Universidad de Puerto Rico, predomina una facultad de profesores con ideales independentistas que, en muchas ocasiones, fomentan las huelgas y paros estudiantiles. Afectando, finalmente, a los estudiantes, mientras ellos siguen cobrando sus sueldos mientras la universidad en paro.

Como mencioné en un tema anterior, muchas universidades se han convertido en negocios lucrativos, ya que el gobierno federal otorga becas a quienes deciden hacer un programa universitario, sin importar en cuál universidad lo realizan.

Hay ocasiones en que entidades y organizaciones privadas buscan y promueven reformas educativas. Muchas con nuevas ideas, nuevas formas de hacer las cosas. Nuevamente, la entronización política mueve sus adeptos para impactar las mismas, creando un inmovilismo monumental. Inmovilismo que no permite evaluación del magisterio, no permite crecimiento personal y profesional, que no exige calidad de servicios, que no establece regulaciones, no existen penalidades porno hacer buen trabajo, que permite el aumento en deserción escolar, que baja los requisitos para ser maestros, que promueve de grados a estudiantes aunque no cumplan con el grado anterior, que permite la politización, que permiten las huelgas magisteriales y estudiantiles; muy permisivo, sin cambios y sin visiones de futuro. ¿Qué le espera al nuevo estudiante, a la sociedad, y al país? ¿Qué opciones tienen las familias?

Buscando alternativas educativas

Lo más inquietante en la consecución de los derechos de educación de sus hijos, es la actitud de los padres ante la falta de retos en la educación. Todos sabemos que, ante la falta de retos académicos, comienza el aburrimiento y la dejadez. De ahí, la deserción y luego la criminalidad. Todos lo saben. ¿Y qué hacen?

Aún con leyes claramente definidas y establecidas para las escuelas públicas del país, si la escuela no cumple con la misma, lo padres no exigen. Simplemente, cambian a su hijo para otra escuela. Si las otras escuelas tampoco cumplen, buscan alternativas privadas.

En las escuelas privadas, tampoco tienen maestros completamente capacitados para trabajar con todos los estudiantes. Si la escuela privada tampoco cumple, solo dos alternativas. Decides hacer educación en el hogar o terminas saliendo del país, mayormente para los EE. UU. Entonces advienen otros problemas. La falta del dominio del idioma inglés y un cambio drástico a un ambiente social no conocido. Probablemente, el estudiante sea bajado de grado al no dominar el idioma y provenir de la clase pobre de Puerto Rico, en donde la educación también ha sido pobre.

A esto le sumamos que tampoco existen garantías de que la educación que reciban en las escuelas en EE. UU. sea de la mejor calidad. Al igual que en otros países la educación depende mucho del lugar que elijan para residir, de la preparación de los educadores y del gobierno que dirige el estado o municipalidad.

Conclusión

Pretender adaptar o copiar sistemas educativos de un país a otro, no ha resultado efectivo en la mayoría de los casos. La situación política, económica y social es muy diferente entre países. Aún entre país ricos, los resultados en pruebas estandarizadas internacionales así se demuestran.

En países con políticas monárquicas, le ley se define en las altas esferas gubernamentales y todos tienen que cumplir con la misma. El no cumplir las leyes puede conllevar grandes penalidades, que incluyen hasta la cárcel.

En países de cortes democráticos podemos encontrar que la libre expresión, la libertad de culto, libertad política y libertad económica entre otras, hacen que existan distintas vertientes educativas, permitiendo a los padres a seleccionar la que mejor entiendan para sus hijos, o sencillamente no seleccionan ninguna y se dedican a la educación el hogar.

La proliferación de uniones laborales ha invertido el propósito central de educación que eran los estudiantes y ahora son los maestros. Las huelgas universitarias de estudiantes, de profesores, del personal no docente han proliferado, impactando negativamente a los estudiantes y sin lograr, prácticamente, nada de lo que exigen en estos paros laborales o académicos.

De igual manera, la impunidad existente ante las violaciones de ley, la corrupción rampante en todos los niveles gubernamentales y sociales continúa llevando al derrotero cualquier iniciativa educativa que se pretenda implantar.

A esto le añadimos que no existen programas de rendición de cuantas. Al educador se le exige, pero ellos no quieren que sean evaluados. Ningún político se atreve ni siquiera a sugerir posibles evaluaciones o sanciones, porque jamás ganaría una elección.

Hay que atreverse a crear una revolución educativa, hay que reventar el sistema educativo, hay que obligar a la universidad, hay que trabajar unidos con voluntad y con deseo de hacer algo realmente importante para el país.

Sin educación no hay salud. Sin educación no hay seguridad. Sin educación no hay economía que sobreviva.

Se necesita una nueva reforma educativa que tome en consideración a todos los participantes en la educación, No puede venir de un solo lado, el lado político, como siempre sucede. Tiene que incluirse a la universidad, la Junta de Planificación del país, los sectores económicos, los sectores laborales, los académicos y magisteriales, los científicos, los estadísticos y muchos más. Hay que hacer que un plan no para cuatro, cinco o seis años. Hay que pensar en 20 años de servicios educativos constantes y establece, hay que exigir rendimiento de cuentas, y al que no sirve para educar, no puede sirve para servir. Nuestros estudiantes merecen la mejor educación con los mejores educadores. Los educadores merecen ser reconocidos con la clase trabajadora más importante del país y así se le debe de remunerar.

Hay mucho trabajo por hacer, pero hay que comenzar con urgencia. Se nos va la vida en esto.

Ensayo 4 - Educación y Tecnología

Pasemos a definir inicialmente el concepto llamado tecnología. La tecnología es el uso combinado de Ideas, herramientas, y procedimientos para lograr un objetivo de una forma más rápida. Este objetivo puede darse en diferentes disciplinas como la medicina, la música, la arquitectura, la ingeniería, la educación y para el diario vivir mismo, entre muchas otras.

A diferencia de lo que podemos pensar, los recursos tecnológicos no son necesariamente modernos. En la historia de la humanidad existen muchos ejemplos de cómo la generación de ideas, el uso de elementos variados y los procesos empleados han permitido, que los seres humanos, y algunos animales, hayan logrado varios de los objetivos, ya sea por experimentación para adquirir conocimientos o por instinto.

Cambios tecnológicos en la forma de pescar

¿Has intentado atrapar un pez solamente con tus manos? Si los intentado, puedes haber notado lo difícil que es atraparlo porque son rápidos, resbaladizos y, algunos casos, peligrosos. Desde tiempos inmemoriales el ser humano se dio cuenta de lo complejo que resultaba pescar a mano. Entonces, comenzó a usar una vara, luego una lanza, una red de pescar, y algunas cajas con trampas. Pescar de orilla ya no era una tarea productiva. Entones usaron balsas, canoas, botes, lanchas, hasta buques pesqueros. Y dentro de un panorama más más amplio la alimentación en general pasó a tener muchas necesidades y cambios, del cocinar con leña hasta el horno de microondas.

Cambios en la construcción de vivienda

Pernoctar bajo un árbol o la intemperie podía ser una experiencia refrescante y encantadora. Pero, en ocasiones, los cambios en las condiciones climáticas no lo permitían. Entonces, el ser humano recurre a las cuevas o cavernas. Sin embargo, podían quedar atrapados y sin escape, si se acercaba una fiera. Ante esta necesidad de sobrevivir tuvieron que buscar alternativas,

Usar nuevas herramientas para implantar nuevas ideas. Entonces, prosiguieron con la construcción de chozas en paja, en paja y adobe, en madera, madera con adobe, madera con techos en planchas de zinc, y así sucesivamente a las mega construcciones de nuestros tiempos modernos. Cada elemento nuevo que iban utilizando implicaba estrategias en donde probaban su funcionamiento, esto implicaba el uso de herramientas, que ahora podemos identificar como la tecnología del momento.

El desarrollo de la tecnología

La educación, al igual que otras disciplinas profesionales ha recibido un gran impacto por las tendencias tecnológicas. Desde sus inicios con el papiro, la encuadernación de libros, las calculadoras, las computadoras, la internet, los libros digitales y otras herramientas tecnológicas que han resultado en procesos con la obtención de resultados de forma más rápida y precisa.

Algunas de estas herramientas han permitido desarrollar planos y dibujos que crean los arquitectos e ingenieros. Hoy día estas herramientas están en manos de la comunidad en general. Otras que permiten hacer cálculos astronómicos que permitieron que el ser humano llegara a la Luna. Actualmente, cualquier computadora personal o tableta digital tiene más capacidad que las usadas por la NASA en aquel tiempo.

Herramientas tecnológicas modernas

Microsoft Office – Microsoft 365

Microsoft Office es una de las herramientas electrónicas digitales más populares, versátiles y completas para el uso diario de aplicaciones de oficina en el mundo. Su popularidad y su uso se estiman en más del 80% de las empresas comerciales, educativas y personales.

Originalmente fue creado para las computadoras Mac en el 1989. Un año después fue lanzado para la plataforma Windows de Microsoft. A partir de este momento la empresa Microsoft lo mercadeo como un paquete completo que incluye otras aplicaciones para uso de oficinas principalmente. Estrategia que le dio gran popularidad con excelentes resultados económicos.

Este paquete que ofrece la empresa Microsoft Corp, viene en 3 versiones diferentes:

- la de oficina
- la personal
- la de estudiante.

En cada una de ellas Microsoft ofrece seis programas principales. En algunos casos con algunas opciones limitadas que requieren la compra de la licencia completa. Microsoft, en su nueva versión llamada Microsoft

365 tiene otras versiones con costos diferentes. La versión de Negocios contienes dos versiones. Una, para pequeñas empresas, y la otra para empresas con gran cantidad de empleados y usuarios de los programas.

Estos son los precios de las nuevas suscripciones de Microsoft 365 para consumidores y pequeñas empresas: Microsoft 365 Personal por $ 6,99 al meso $ 69,99 al año; Microsoft 365 Family por $ 9,99 al mes o $ 99,99 al año, que admite "familias y hogares de hasta seis personas".

1. Word – es un procesador que palabras que permite crear documentos.
2. Excel – una hoja electrónica para realizar cómputos, estadísticas, gráficas, y manejo de grandes cantidades de datos.
3. Power Point – programa diseño para realizar presentaciones visuales que permite la integración de datos, dibujos y gráficas de los dos programas anteriores.
4. One Note – programa que simula una libreta para tomar notas, que integra información de todos los programas que ofrece la empresa Microsoft
5. Access – programa para manejar bases de datos, permite establecer llaves de accesos para conectarse con otras bases de datos, además permite la importación de datos de otros programas como Excel.
6. Outlook – programa de correo electrónico de Microsoft

También ofrece la aplicación Publisher – programa que permite crear periódicos, revistas, hojas de promoción en otros elementos publicitarios en algunas de sus versiones, con la compra de la licencia completa.

La empresa Microsoft ha logrado varios acuerdos con distintas universidades. Estas, a su vez, ofrecen a sus estudiantes activos, acceso libre de costos a los programas de Microsoft. Este acuerdo, las universidades, lo han logrado con otras empresas.

Existen otras empresas como **Open Office** que tiene un paquete similar al de Microsoft 365, con la única y gran diferencia que es totalmente libre de costos.

Esta se presenta como una excelente alternativa para que las escuelas, de niveles primarios y secundarios, puedan ofrecer unas aplicaciones muy similares a las de Microsoft, para sus estudiantes, sin tener que realizar una inversión significativa, o prácticamente sin inversión. Por cierto, los documentos que se generan en Open Office son compatibles en Microsoft, y de igual manera a la inversa.

Muchos de estos programas que ofrece Microsoft se han convertido en cursos oficiales en diversos programas universitarios como complemento a los currículos de desarrollo profesional. De igual manera, las universidades que ofrecen cursos en tecnología como programación de video juegos; caricaturas y animación; edición de videos, y robótica, entre otros cursos, están toman un gran auge entre la población joven. También, ganando adeptos en otras disciplinas.

Herramientas digitales audiovisuales

Desde hace varios años, quizás una década o dos, las herramientas audiovisuales comenzaron a proliferar. Inicialmente lograr una videollamada entre dos personas eran una hazaña bastante costosa que solo podían acceder aquellas personas con buenos recursos económicos. Hoy, estas llamadas se dan, no solo con dos personas, se da con varias personas y a tan bajo costo que hasta un niño las puede realizar con su teléfono móvil personal que le han comprado sus padres o abuelos.

Podemos encontrar una gran variedad de herramientas para realiza video llamadas. Desde los servicios para empresas, para escuelas, consultorios médicos, oficinas legales, hasta para uso personal y familiar. Algunas de ellas muy costosas, otras a bajo costo, a costo razonable y hasta sin costo alguno.

Paso para mencionar algunas de las más conocidas en el mercado:

1. ICQ
   Esta aplicación fue el precursor de los programas actuales para enviar mensaje y recibir contestación inmediata del receptor. Fue muy usa en internet durante sus primeros años ya que traía elementos innovadores. Aplicaciones como Whatsapp, Messenger, Facebook y Twitter son algunas de las que surgieron eventualmente, mejorando significativamente los presentados por ICQ. Además, ICQ como precursor trajo otras innovaciones en el mundo del chat, como:
   a. ignorar usuarios
   b. ponerte invisible para otros
   c. crear listas de contactos y amigos
   d. ver estatus de mensajes
   e. guardar conversaciones
   f. enviar mensajes "offline"

   En aquel momento no se pensó en una aplicación compartir gráficas, datos, videos o archivos grandes, sino para ver que contactos registrados estaban conectados en línea y poder

contactarlos. Tuvo un gran éxito de forma vertiginosa en todo el mundo y para el año 2000 llegó a tener sobre 50 millones de usuarios.

Aunque la fuerte competencia lo ha relegado, aún continúa utilizándose porque mantiene características especiales para sus usuarios, como la facilidad de uso, su rapidez y la flexibilidad de crear grupos (chats) para conversar sobre temas de interés.

Como tiene como consumo de datos y no carga la memoria del sistema, es uno de los principales medios de comunicación entre los jugadores de videos.

Esta aplicación ha evolucionado a través de los años. Fue desarrollada por la compañía israelí Mirabilis Software para el 1990, ha tenido por varios dueños y numerosas actualizaciones. ICQ8 es versión más actualizada que permita enviar documentos, realizar videollamadas, llamadas telefónicas, entre otras funciones.

2. WhatsApp –
Es un programa de videollamadas para teléfonos móviles modernos, los llamados teléfonos inteligentes. Se usa para enviar y recibir mensajes e imágenes entre las personas que tengas en tu lista de contactos. Funciona muy parecido a los programas de mensajes instantáneos, aunque dirigido para usarse en el teléfono móvil. También existe el WhatsApp web para computadoras de escritorio, laptops y tabletas.

Bajo este programa cada persona se identifica con su número de teléfono móvil. Tienes que conocer el número de la persona a llamar en tu lista de contactos de WhatsApp. Para conversar es imprescindible que, tanto el llama como el que la reciba, tengan instalada esta aplicación y que dispositivo tenga cámara de video integrada.

3. Microsoft Teams
En los contextos laborales y académicos actuales, el trabajo en equipo es fundamental para lidiar los retos que se presentan en las escuelas y otras entidades. Para que este tipo de trabajo en equipo funcione, es importante capacitar a los usuarios sobre las

herramientas que les permitirá integrarse para comunicarse, compartir información, documentos y realizar trabajos de forma simultánea con otros compañeros. Microsoft Teams, es un programa colaborativo por excelencia que está disponible en el paquete que Microsoft Office 365.

Es un programa de comunicación que puede usarse con video cámara, para enviar mensajes y compartir documentos con otras personas de un mismo equipo aunque no trabajen para la misma empresa. Este acceso se da por medio de un dispositivo conectado a los servicios del internet. Es un escritorio virtual con las aplicaciones que necesita cada usuario, además de tener las principales aplicaciones de Microsoft Office, como Word, Excel, Power Point, OneNote, entre otras.

4. Google Meet
   Antes conocida como Hangout Meet, es una alternativa digital para videoconferencias producida por la empresa Google. La misma está incluida en los G Suite que permite hacer llamadas, videollamadas y videoconferencias desde cualquier lugar. Usa como sistema de conexión los servicios del internet. Esta aplicación está diseñada para que las empresas puedan tener reuniones de hasta 100 personas. Según Google, "esta aplicación resulta ser más eficiente que otras plataformas de videoconferencias." La versión anterior Hangout solo permitía 10 usuarios conectados por conferencia.

   Google Meet se encuentra integrada al paquete de G Suite, que es la solución para empresas e instituciones educativas que necesiten este servicio. Los costos son muy competitivos. El costo por usuario es de $25 por usuario por mes.

   Google también ha logrado acuerdos con varias entidades educativas universitarias, en donde la universidad le ofrece a sus estudiantes, acceso gratuito a esta plataforma.

5. Streamyard
   StreamYard es una herramienta digital para realizar transmitir videos mediante el servicio de Streaming en las redes sociales o por internet. Su característica principal es que funciona totalmente desde el navegador que hayas seleccionado para usar en internet,

sin tener que descargar ningún tipo de software. Es una excelente herramienta con alternativa gratuita o por pago.

Al igual que Google Meet, provee varias funciones para sus usuarios, y lo más interesante es que no tiene nada que envidiarles a otros programas descargables de gran renombre en las redes.

Con StreamYard puedes realizar transmisiones con video en vivo, desde la comodidad de tu navegador. Además, contiene otras funciones que ayudan a crear letreros para clarificar el contenido mientras realizas la transmisión. Puedes transmitir a diversas plataformas como Facebook y Youtube, entre otras.

6. Skype
   Es una de las aplicaciones que más tiempo lleva en el mercado, gracias a que se conecta fácilmente a la internet sin tener que hacer una instalación compleja. Es gratuita para los usuarios, sin importar en qué lugar del mundo te encuentre. Se puede hacer llamadas de audio y videollamadas, enviar mensajes de texto con respuesta inmediata y compartir documentos y fotos con otros usuarios del programa.

   Además, sus usuarios, se pueden comunicar con otras personas como si fuera un teléfono móvil, aunque no tengan Skype. Para este tipo de llamada a teléfonos convencionales o móviles el usuario deberá pagar un cargo por el servicio económico, según lo estipulado para cada país.

Entre otras aplicaciones no tanto conocidas o mercadeadas extensamente son:
1. Wire – Para llamadas de videos por cable para computadoras personales
2. Zalo – Considerada como la mejor aplicación de video llamadas para PC's
3. Google Duo – aplicación desarrollada por Google para usarse en teléfonos androides

Cada día siguen surgiendo nuevas aplicación, programas y sistemas que buscan mejorar los existentes. Este desarrollo sigue creciendo a pasos agigantados debido a la alta proliferación de cursos sobre programación de computadores, programas de videojuegos y aplicaciones de uso comercial, educativo y científico entre otras aplicaciones. Muchas de estas aplicaciones pueden accederse sin costo alguno, con opciones limitadas en varios casos. Además, puede ofrecer servicios extendidos por costos relativamente bajos. Algunos de ellas ofrecen alternativas para empresas grandes y pequeñas.

Hay que pensar que oficinas profesionales de médicos, contables, psicólogos, entre otros, también contratan servicios de programación para crear programas según las necesidades de cada negocio u oficina.

Otras herramientas importantes

Hoy día, hay herramientas tecnológicas tan comunes, sencillas, y hasta económicas que las damos por sentado y es como si hubiesen existido toda la vida. Imagina cargar en tu mochila con un diccionario en español, uno en inglés y otro de traductor. Esto es solo para comenzar. Ahora, a la mochila le añadimos una máquina de escribir. ¿Pesada verdad?

Le seguimos añadiendo una calculadora regular y una científica, una libreta de notas, una agenda de citas, una libreta de direcciones y teléfonos, un reloj despertador y otro de pulsera, un cronómetro, un pequeño radio para escuchar tu música preferida, los periódicos impresos del día, un juego de barajas para entretenerte con tus amigos, un juego de dominó, una grabadora de voz, una cámara de fotos y otra de video, un mapa para encontrar las direcciones de a dónde ir, y tu chequera o libreta del banco. ¿Ya sabes por dónde vamos?

Entonces, ¿en dónde están los documentos y los libros que leer para ayudarte en tu investigación? ¿En el asiento de atrás de tu coche, en la cajuela o en tu habitación?

Si te surgiera una emergencia, ¿cómo se lo informas a tu grupo de amigos? Entonces tenías que recorrer varias cuadras o kilómetros para encontrar el teléfono público más cercano. O si tenías la fortuna de tener un vecino y amigo que tuviera uno en la casa te podía ayudar. ¡Oh!, pero recuerda que tus amigos también deben tener acceso a uno para recibir tu llamada o mensaje.

Todo es tan sencillo ahora. Solo tiene que meter una mano en tu bolso o bolsillo y ya. En tu teléfono móvil cargas con todo esto y mucho más. Eso que no hablé de la cantidad de juegos de electrónicos para divertirnos. Juegos que, anteriormente, tenías que cargar en cajas.

De la misma manera que la tecnología ha impactado y facilitado nuestras vidas, también ha impactado y facilitado los procesos educativos. Los recursos audiovisuales, las videollamadas, las conversaciones electrónicas (chats), los grupos de trabajo en equipo, hasta los viajes a la oficina de correos. Todo, pero todo, ha sido impactado por el desarrollo tecnológico.

Los medios de transportación, la forma de cocinar, la forma de conocer tus destinos de viaje, hasta lo más íntimo en el cuarto de baño ha tenido su impacto. ¿En lo íntimo te preguntarás? Bueno, te bañas con agua caliente, tibia o fría, casi congelada. ¿Lo ves? Todo tiene su impacto tecnológico y no tiene que ser, necesariamente, electrónico.

La educación y la Empresa Microsoft

La gran ventaja que posee la empresa Microsoft en el campo de la educación, la ha logrado a la implantación de sus estrategias de mercado a corto, mediano y largo plazos. Lograr acuerdos colaborativos con las entidades educativas, no solo pone sus productos en mano de los administradores y educadores, también lo pone en manos de los estudiantes y sus familias.

Además, Microsoft ha desarrollado varios programas de certificación profesional para preparar recursos en la tecnología de ellos. Estos programas de capacitación han permitido traer al mercado a personas preparadas para trabajar en el campo de la informática. Precisamente, nuevos empleos para lo que ha sido uno de los problemas en escuelas.

La aportación o estrategia de mercadeo de Microsoft, ha ayudado a otras personas a prepararse y educarse en el campo tecnológico, brindándoles nuevas oportunidades de empleo, mejor remuneración, y una mejor posición en el mercado de la educación a aquellas entidades académicas que entran al mundo tecnológico.

Este tipo de mercadeo pone en mano de los estudiantes las herramientas que pueden estar usando en el futuro. El estudiante al llegar a sus estudios universitarios continuará utilizando los recursos que ya conoce. Al igual, los patronos, el momento de reclutar, va a buscar personas que conozcan las herramientas para entrar al mundo laboral y comenzar a producir de inmediato. Obviamente con las herramientas que provee Microsoft. Una vez que tenga un trabajo remunerado, comenzarán a adquirir sus equipos electrónicos compatibles con las herramientas conocidas; y también podrán adquirirlo para sus hijos. Por lo tanto, la opción tecnológica más conocida sería Microsoft.

Un proceso acelerado

Los efectos de la pandemia del Covid-19 han provocado que los sistemas educativos se actualicen e inviertan en tecnología, porque de contrario van de camino a salir del marcado actual. Estos efectos han permitido un proceso acelerado de cambios, en donde las entidades con bajos recursos económicos tienen que buscar alternativas para invertir en tecnología o salir, de forma prácticamente obligada, del mercado educacional actual.

Según varios expertos en educación y tecnología, estos cambios se han adelantado entre 8 y 12 años antes de lo esperado. La vorágine de cambios tecnológicos ha dejado al desnudo a muchos sistemas educativos, muchas escuelas y universidades, a muchísimos educadores, quienes no tienen conocimientos actualizados para una adaptación rápida.

Problemas principales con la tecnología en las escuelas

Debido a este proceso acelerado de cambios las escuelas no han podido responder de manera eficiente ante los intereses y necesidades de sus estudiantes. Entre los problemas principales están:

- La falta de recursos preparados en tecnología
- La falta de recursos económicos para invertir en tecnología
- Poco inventario de tecnología y una alta demanda por estos equipos
- Poco conocimiento tecnológico de parte de los educadores. En ocasiones mucha teoría obsoleta.
- Tratar de imponer cursos diseñados para clases presenciales en cursos en línea
- Falta de una buena señal de internet en los hogares de los estudiantes
- Falta de capacidad de conexión en las escuelas
- Educadores y estudiantes con poco o ningún conocimiento de herramientas de comunicación en línea.

Ahora, con los retrasos provocados por la variante del Covid-19 (Omicron) los procesos educativos se retrasan en la administración de sus programas curriculares, por la falta de un buen uso de la tecnología. Mientras que otros, continúan con sus planes de usando la educación virtual como la alternativa del momento.

Conclusión

Es muy importante reconocer el gran impacto que ha tenido, que tiene y que tendrá la tecnología sobre los procesos educativos.

Es tan fuerte el impacto tecnológico que más de 2,500 universidades ofrecen programas de educación virtual o en línea. Algunas de ellas ofrecen programa 100% en línea, otras de forma híbrida (en línea y presencial). Universidades como Harvard, MIT, Cornell, Oxford, CALTEC, Brown, y muchas otras tiene alternativas en línea para realizar diversos programas de desarrollo profesional.

En Puerto Rico, más del 90% de las universidades ofrecen programas en línea como parte de los servicios a los estudiantes del exterior como para aquellos que viven lejos de la universidad o por los efectos creados por la pandemia del covid-19 y sus variantes.

Ensayo 5 - Avances de la neurociencia en la educación

Muchas personas perciben que la educación no ha cambiado por más de cinco décadas. Sin embargo, la realidad es que los cambios llegan de una manera lenta para los educadores y la escuela; y con intensidad para muchos niños y familias. Este nivel intenso se debe, mayormente, a que las familias experimentan los cambios sociales y tecnológicos mucho antes de que la escuela los adopte, los adapte y los presentes de una forma organizada a su población estudiantil.

Con la llegada de la pandemia provocada por el COVID-19 se han acelerado los procesos de la implementación forzosa y acelerada de las tecnologías educativas. Sin embargo, el intentar hacer lo mismo que se hacía de manera presencial, ha provocado un disloque en el proceso educativo. No solo para los educadores, también para los estudiantes y sus familias.

Ante la implantación de currículos diseñados a ofrecerse de manera presencial, que han sido modificados para trabajarse en línea, ha presentado una disyuntiva ante la falta de conocimientos tecnológicos de parte de los educadores. Requiere, entonces, ampliar los conocimientos tecnológicos en la escuela mediante programas intensos de capacitación, desarrollar los conceptos de neuro-educación, y modificar los estándares educativos para desarrollar una nueva generación de educadores y, eventualmente, educar para preparar a nuestros estudiantes para el futuro.

Los padres, al tener a sus hijos aprendiendo en casa, por medio de la tecnología, han entendido la dificultad que tienen los maestros, quienes son impactados de igual manera, la dificultad de los niños, en especial los más pequeños; y los padres, cuya mayoría no conoce los elementos básicos de la educación en línea, en poder conectarse de manera efectiva para ofrecer un servicio académico de una calidad, al menos, aceptable para todos. Estos cambios abruptos, al igual que los pobres servicios educativos que se recibían anteriormente, permiten una visualización más amplia de la diversidad en términos educativos y neurológicos. Esta mezcla de la educación y la neurología levanta un nuevo elemento a tomar en consideración: La Neuro-educación.

La Neuro-Educación

Este modelo educativo actual nos hace reflexionar sobre cómo podemos educar usando el elemento neurológico, cuando apenas cumplimos con los requerimientos básicos de los modelos educativos. De aquí, se levanta una serie de cuestionamientos que ponen en tela de juicio la efectividad de los servicios y la posible educación de lo que llamamos como **neuro-educación**. Debemos tener presente que ante este nuevo panorama nos enfrentamos a una diversidad de educandos. Contemplando llegar a todos trabajando los elementos dentro de la neuro-diversidad.

Para comenzar, es necesario aclarar los diversos elementos que trabajan dentro de estos modelos educativos. Para esto, veamos cada elemento por separado para luego integrarlos en la educación de nuestros alumnos.

Educación

Es el proceso que debe de facilitar el aprendizaje o la adquisición de conocimientos, destrezas, valores familiares y sociales, valores culturales, o modos conductuales... La forma que uno, como educador piensa y analiza la manera más efectiva de enseñar, lo que la familia y la sociedad espera que sea el proceso educativo son elementos que se deben considerar para desarrollar una formación viable o exitosa dentro de la sociedad.

Neurología

Dentro del campo de la medicina, es el campo que realiza los estudios sobre el desarrollo, comportamiento, y procesos neurales. Se estudia la anatomía, funcionamiento y desarrollo del sistema nervioso (cerebro, médula espinal y nervios periféricos) y muscular. Su busca atender y entender al enfermo neurológico, la docencia de las materias que afectan al sistema nervioso y la investigación, clínica y básica, dentro de este ambiente del conocimiento. En su etimología observamos dos vocablos principales: *Neuro* – relacionado a las neuronas o el cerebro, y *logía* – que significa estudio, ciencia o investigación.

El neurólogo es el especialista de esta área. Es quien se encarga de educar sobre la prevención, los diagnósticos y tratamientos que puedan ocurrir en el sistema nervioso. Esto puede incluir el verse involucrado en las áreas musculares, linfáticas y cerebrales, entre otras.

Neurociencia

El objetivo principal de este elemento es estudiar y comprender el funcionamiento del sistema nervioso. Cómo este produce y regula las emociones, los pensamientos, las conductas y el funcionamiento de las distintas partes del cuerpo, incluyendo todos los órganos internos como el hígado, los riñones, el corazón y todos los demás.

Neuro-educación

La neuro-educación es la disciplina que estudia la importancia la enseñanza y el aprendizaje en el desarrollo neuronal y cerebral. De este manera, las áreas más importantes son dos: por un lado están las ciencias de la educación y, por el otro, la neurociencia, que estudiar los eventos educativos desde varios ángulos. Entonces, para permitir y lograr un proceso exitoso de enseñanza y aprendizaje, es necesario que vayan de la mano, la pasión y la pasión por enseñar de parte de los educadores y la emoción de aprender por parte de los estudiantes y sus familias.

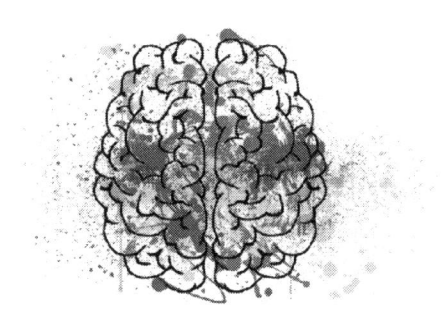

Neuro-diversidad

Dentro de la neuro-diversidad se estudia la variación en el cerebro humano con respecto a la sociabilización, el aprendizaje, el nivel de atención, el estado de ánimo y otras funciones cerebrales sin que tenga que ocurrir algún defecto o enfermedad. Este término fue acuñado por la socióloga Judy Singer en 1988, quien ayudó al periodista Harvey Blume a popularizar el concepto.

Una gran preocupación en los sistemas educativos es cómo llevar a cabo una inclusión apropiada. Es buscar la manera de atender las necesidades de la mayor cantidad de estudiantes dentro de la sala de clases. Se está buscando generar un mayor conocimiento, visualización y concientización sobre la experiencia educativa en estudiantes que pertenecen a grupos minoritarios. Aún queda mucho camino para lograr una calidad de la educación aceptable. Un conocimiento muy necesario para que los estudiantes con diversidad funcional y neuronal aprendan y procesen lo enseñado.

La neuro-divergencia o neuro-diversidad es el concepto amplio para identificar a personas que viven con condiciones especiales como autismo, déficit de atención con o sin hiperactividad, oposicionales y desafiantes, entre otras. Me atrevo incluir en este grupo a los estudiantes con Síndrome de Down y, obviamente, a los superdotados y talentosos. También incluye a los que tiene dislexia, dispraxia, déficit atencional con hiperactividad (TDAH), conocidos en el campo de la dotación intelectual como doblemente excepcionales. Con condiciones o situaciones que los llevan a elaborar procesos cognitivos y emocionales diferente a lo que consideramos como la norma.

La neuro-diversidad desde adentro

En esta sección quiero identificar o describir varios de los tipos de diversidades que encontramos dentro del campo de la neuro-diversidad:

Trastorno de Déficit de Atención

- Sin hiperactividad - El Déficit de Atención sin Hiperactividad (TDA), es un trastorno neurobiológico que puede aparecer desde la infancia. Bajo este diagnóstico se presentan problemas para mantener la atención.
- Con hiperactividad - El déficit de atención con hiperactividad (TDAH) es un trastorno crónico que incluye una combinación de problemas persistentes que impiden al estudiante mantener la atención, provocan hiperactividad y se presenta el comportamiento impulsivo. Se pueden identificar otros problemas como la baja autoestima, las relaciones problemáticas y el bajo rendimiento escolar. En ocasiones, los síntomas pueden bajar con el tiempo si se maneja efectivamente.

Trastorno Oposicional Desafiante

Este trastorno (TOD) es uno de manejo de conducta que lleva al niño a enfrentarse de manera continua o persistente con personas que pueden representar la autoridad. Entre estos pueden estar los maestros, directores escolares, y hasta los padres. Los niños con TOD, generalmente, presentan un temperamento volátil. Pueden tener comportamientos desobedientes, rencorosos y hasta vengativos a un nivel, en ocasiones muy alto.

Dislexia

Este trastorno del aprendizaje se da en niños que no tienen impedimentos físicos visibles, pero que afecta el proceso de la lectoescritura. Su origen parece desarrollarse por una alteración neurológica y del desarrollo. Por lo general, los disléxicos son inteligentes y solo se ven estos problemas con tareas que tienen que ver con la lectura y la escritura. Dentro de este grupo no se consideran los que tienen algún retraso mental, otra discapacidad, problemas evolutivos para adquirir la lectoescritura, y aquellos que no hayan tenido escolaridad o enseñanza.

Dispraxia

Dentro de los trastornos del neuro-desarrollo, la dispraxia afecta los movimientos y a la coordinación. Normalmente se diagnostica en la infancia, aunque puede aparecer después de una enfermedad o lesión provocada por accidente. De igual manera, pueden afectarse las habilidades verbales. Esto es provocado por la sinapsis o mensajes entre las neuronas que coordinan los movimientos. Se cree, también, que estas deficiencias pueden deberse a la falta de madurez cerebral.

Discalculia

La discalculia se reconoce como una deficiencia en el aprendizaje de las matemáticas. Algunos reconocen la discalculia como un equivalente a la dislexia, pero con los números, en donde se altera o afecta el procesamiento numérico.

Acalculia

Se reconoce como la alteración en las habilidades y procesamiento matemático, mayormente, debido a lesiones cerebrales. No se trata de un problema de aprendizaje, sino un trastorno ocasionado por a una lesión en el cerebro. A diferencia de la discalculia que se presenta como una dificultad para comprender y realizar operaciones matemáticas.

Autismo

El trastorno del espectro autista (TEA) es un trastorno del desarrollo que se obtiene desde el nacimiento y se comienza a identificar cuando el niño tiene dificultades para socializar con pares de su edad. Este afecta a los niños dificultando la comunicación y la socialización con los demás. Además, hace que los niños puedan presentar movimientos o conductas repetitivas e intereses enfocados en un solo elemento. El autismo se considera como espectro en el cual pueden derivarse varios trastornos. Entre estos se incluyen:

a. Autismo
   b. Trastorno de Asperger
   c. Trastorno desintegrativo de la infancia
   d. Trastorno generalizado del desarrollo no especificado

Cada uno de estos trastornos se considera dentro del espectro autista. Los niños con autismo pueden tener varios síntomas y comportamientos diferentes.

Superdotado, Dotado o Altas Capacidades Intelectuales

Una persona cuya habilidad intelectual está muy por encima de las capacidades intelectuales medias de una población. Por regla general tiene un cociente intelectual (CI) de 130 o más. Existen muchas definiciones alrededor del mundo que definen al superdotado. En el caso de nosotros en Puerto Rico es un niño o joven con un cociente intelectual igual o mayor de 130, que posee una capacidad social y cognitiva excepcional, por encima de su edad cronológica y superior a la de otros de su misma edad, experiencia o ambiente, y que exhibe y demuestra, mediante evaluaciones psicológicas y educativas realizadas por profesionales certificados por el Estado, alta capacidad intelectual, creativa, artística o de liderazgo, o en una o más áreas académicas específicas. (Ley 144-2018)

Cuando tenemos un estudiante superdotado con algún trastorno de los identificados en los incisos del 1 al 7 en esta sección, se conoce como un estudiante con doble excepcionalidad. Estos casos doblemente excepcionales requieren de una atención muy especial dentro de los ambientes familiares, sociales y escolares. En muchas ocasiones se manejan aquellas áreas deficitarias, buscando mejorar las condiciones específicas del trastorno. Sin embargo, este tipo de atención del déficit ha provocado un bajo rendimiento académico, aburrimiento en el ambiente escolar, falta de motivación o interés, que puede llegar a una depresión existencial.

Síndrome de Down

Es una alteración en los genes en la existe material genético adicional en el cromosoma 21. Tiene como consecuencia la discapacidad intelectual en el individuo. Eventualmente se utilizó el vocablo "retrasado" o "deficiente". También se le conoció como "insuficiente mental", y recientemente como "niño con síndrome de Down".

Aunque una de las características principales de este trastorno genético es la falta de capacidad intelectual, resulta extremadamente curioso que personas con esta condición han logrado desarrollarse con gran éxito dentro del campo de lo que llamamos "normalidad" y, en ocasiones, muy por encima de la norma.

Así es el caso del actor español Pablo Pineda. El señor Pineda se diplomó en magisterio y realizó una licenciatura en psicopedagogía. Es reconocido como el primer europeo en terminar una carrera universitaria. Además, es maestro, psicopedagogo y actor de cine. En el área de la actuación fue reconocido con el Premio Concha de Plata como mejor actor (2009) con la película *Yo, también*, como mejor actor principal.

Más sorprendente aún es la publicación, en 2013, de su libro: *El reto de aprender*, Editorial San Pablo. También, este año se presentó un programa de la TV española con Viento y Agua Films.

Su segundo libro publicado, *Niños con capacidades especiales*, muestra su capacidad intelectual, social y emocional para desarrollar un libro o manual para padres con hijos con el síndrome Down, en donde ofrece consejos y alternativas para la educación y desarrollo de sus hijos.

Este tema me toca directamente como educador. Como maestro de música tuve la oportunidad de trabajar con una joven con esta condición. Fue un reto enorme, ya que, dentro de sus capacidades, que to creía limitadas, me demostró amplios talentos dentro del arte mismo. Pudo desarrollar habilidades musicales. Pero, además demostró tener una gran capacidad para el arte manual, la cerámica, la creatividad. Hoy en día es una reconocida artesana a nivel isla. Aunque no siguió desarrollándose en la música, sus otros talentos hablan por sí misma. Ella es artesana certificada en cerámica de raku y como tiene habilidades en el uso de la computadora, expresa sus sentimientos, se siente útil y contenta escribiendo cuentos para niños que ilustra con sus dibujos.

Otro de los casos que me ha tocado vivir de cerca es el la Rondalla de Puerto Rico. Su página de Facebook nos dice: ′La Rondalla de Humacao nace en la zona costera del este de Puerto Rico en la ciudad musical de Humacao. En el año 1984, fue fundada por Jorge L. Camacho Burgos, quien también es su director. Se organiza con el objetivo de promover, preservar y difundir el Cuatro Puertorriqueño, instrumento nacional de Puerto Rico, a través de la enseñanza a niños, jóvenes y adultos."

La Rondalla establece un sistema efectivo y estructurado para la enseñanza del cuatro puertorriqueño, un sistema único en su clase y metodología de enseñanza musical. En este nuevo programa utiliza colores, lo cual lo hace prácticamente infalible para el proceso de aprendizaje de para los estudiantes. Han presentado niños con 3 años, ciegos, autistas, sordos y síndrome Down. Además, han desarrollado su Primer Conjunto y Primer Sistema musical para enseñar a jóvenes con necesidades especiales.

Los estudios neurológicos siguen avanzando a pasos agigantados. Sin embargo, las capacidades del cerebro humano siguen sorprendiendo a la comunidad científica. El tesón de algunos padres, de no rendirse ante las restricciones que le quieren imponer la sociedad y la ciencia, los han llevado a lograr cosas impensables con sus hijos con "necesidades especiales". A veces me pregunto, ¿Son ellos los que tienen esa "necesidad especial" o somos nosotros?

La ciencia seguirá avanzada, pero muchos de nuestros estudiantes, según observamos, nos siguen llevando la delantera.

La neurociencia en el proceso de aprendizaje

El cerebro, al igual que cualquier otro músculo en el cuerpo necesita ejercicio, necesita estímulos y, por consiguiente, necesita descanso. Son muchas las teorías sobre lo que implica el desarrollo cerebral. Lo que sí, es que muchas coinciden en tres elementos esenciales. Elementos estudiados por la psico-biología y la neuro-ciencia cognitiva que busca mejorar el proceso de aprendizaje en los estudiantes. A continuación, presento una de los procesos para la preparación del cerebro hacia una un mejor aprendizaje.

¿Cómo preparar el cerebro para el aprendizaje?
- Descanso razonable. Dormir con regularidad ayuda a preparar el cerebro para el aprendizaje. Además de que ayuda en el fortalecimiento de la memoria. De esta manera, las neuronas que se utilizan cuando aprendemos ayudan a procesar y recordar la

información cuando dormimos.

- La actividad física – Los ejercicios y la práctica de deportes benefician capacidades del cerebro, permiten aumentar sus capacidad y velocidad de procesamiento de información. Las proteínas del cerebro ayudan en la plasticidad y capacidad de las neuronas para establecer comunicaciones entre ellas, que son requeridas para el aprendizaje. El ejercicio físico mejora el funcionamiento del cerebro, su proceso de almacenamiento de información, y el recuerdo de sus memorias.

- Evitar el consumo de grasas saturadas, pues estas tienden a reducir la sensibilidad de los neuro-receptores NMDA, moléculas cerebrales que ayudan a la plasticidad neurona, y hacen viable el desarrollo de la memoria en el hipocampo y la corteza cerebral. Estudios recientes indican que la reducción del consumo de calorías favorece la memoria y el proceso de aprendizaje. Además, ayudan en los procesos mentales y ralentizan el proceso de envejecimiento.

Otras personas, aparte de las dietas y ejercicios, incluyen la educación del arte. Esta puede incluir programas de educación en diversas áreas del arte. Puede incluir la apreciación musical, aprender a tocar algún instrumento, el dibujo y la pintura, hasta clases de yoga y relajamiento. Todos buscan impactar, de una manera diferente, las diversas partes del cerebro y su desarrollo neuronal.

¿Detectives de los déficits o promotores de los talentos?

Considerar a las personas neuro-divergentes como personas que están enfermas, es uno de los mayores mitos que hay que romper. La proliferación de este mito ha sido uno de los grandes retos educativos que muchas personas consideran que estas personas tienen bajo potencial para adaptarse a los estándares, y tienen bajas expectativas para desarrollar las habilidades que todos los demás trabajan dentro de lo normal.

La doctora y psicóloga clínica Elisa Luz Soto Ceballos, desarrolló una perspectiva diferente para ayudar a las personas neuro-divergentes de manera efectiva. Ella nos dice que "No está mal ni es deficiente, sino que es una variedad del cerebro humano que tiene otras fortalezas y otros desafíos". Con esta manera de visualizarlo, se ofrecen nuevas alternativas para crear una experiencia educativa diferente y de calidad para estas personas. Pero la misma, no es reciprocada por las familias, ni la comunidad científica por entender que no resulta efectiva, ni atiende debidamente las necesidades neurológicas del estudiante.

En una publicación, la editora y periodista Alisa Opar habla de la diversidad de voces dentro de los movimientos para la aceptación y visualización de las personas neuro-divergentes, especialmente los que tienen autismo. Los padres son los que están acompañando todo el tiempo a sus hijos con discapacidad intelectual, falta de habilidades lingüísticas y los problemas de salud que conllevan ciertas condiciones que necesitan de cuidados específicos y más intensos.

Por otro lado, tenemos a las personas con neuro-divergencias que se pueden identificar como personas funcionales. O sea, son personas que pueden presentar condiciones que pueden presentar algunos obstáculos en la socialización, en procesos de aprendizaje, entre otros. Mucho de estos no arriesgan los aspectos básicos cognitivos o de integridad física o de dignidad.

El problema principal entre estos dos grupos es la definición de la neuro-divergencia y los tipos de servicios especializados a recibir debido a las diferencias en la funcionalidad de los individuos

Lo más importante sería identificar en qué parte del espectro se encuentra la persona para poder desarrollar sus talentos o capacidades.

Otro problema que podemos identificar es la falta de formación profesional en las escuelas. Durante décadas hemos estado identificando problemas, y buscando la manera de ayudar a las personas que tienen diversas condiciones. Se nos ha olvidado que además de los problemas, existen las posibilidades del desarrollo de áreas de talentos o de capacidad funcional. Nos enfocamos demasiado en los problemas, que cuando identificamos el potencial, en muchas ocasiones, llegamos demasiado tarde. Esto implica desde la falta de desarrollo muscular, hasta el neuronal.

En este punto traigo a colación que la falta de identificación temprana, en todas las áreas, las de deficiencia y las potencialidades, necesitan manejar de forma íntegra. Olvidar una o varias de ellas puede convertirse en un retraso severo para el individuo.

Para este punto, nos hemos convertido en detectives de problemas, en vez de buscar ser personas que identificamos las potencialidades y las desarrollamos al máximo.

Educación integrada o educación especial

El diagnóstico a tiempo y la identificación de potencialidades deben claves en el desarrollo de experiencias educativas de calidad. Bajo esta premisa, la capacitación del profesional de la escuela y de los psicólogos escolares debe ser de alta prioridad. De igual manera, la preparación de los padres es clave, no solo para manejar de forma efectiva a sus hijos, también para garantizar los derechos a una educación justa. Con información actualizada y gente preparada podemos desarrollar equipos de trabajos efectivos para atender las necesidades del estudiante y desarrollar el talento o potencial del estudiante. Siempre hay que trabajar ambos lados.

La labor de los profesionales de la escuela, maestros, psicólogos escolares y directores no solo es con los estudiantes. Esto es de suma importancia porque también hay que manejar el desarrollo social y emocional de todos.

Con los estudios recientes sobre la neuro-educación se comienza a explicar, de forma más detallada, el funcionamiento del cerebro; cómo el desarrollo del cerebro impacta el proceso educativo y cómo la educación impacta el desarrollo del cerebro. De igual manera, cuando el cuerpo humano no funciona bajo las expectativas que consideramos normales, comenzamos a buscar explicaciones que son fundamentadas con estudios científicos, biológicos, químicos y neurológicos.

Intentar conectar el funcionamiento cerebral al proceso educativo conlleva un proceso de capacitación intensa para los educadores; que van desde el profesorado universitario, en todas sus dimensiones, hasta los profesionales de la educación pre-escolar, primaria y secundaria.

Tenemos la esperanza, que con los nuevos avances tecnológicos, estos reflejen avances en la educación. Existe una población, aunque limitada de personas preocupadas por la calidad de la educación. Sin embargo, me resulta preocupante la calidad de estudiantes que están entrando a la universidad para "dedicarse" eventualmente a ofrecer servicios educativos. Candidatos a maestros con bajas calificaciones en la escuela superior o con bajo rendimiento académico.

¿Cuáles son las ofertas de las universidades en el campo de la educación? ¿Quiénes educarán a nuestros hijos o nietos? Estas son solo algunas de las interrogantes que debemos analizar.

Para poner en contexto la oferta universitaria es meritorio comparar otras profesiones con las de la educación. La Universidad de Puerto Rico establece una regla general para la entrada de sus estudiantes al sistema. Esta se conoce como el Índice General de Solicitud (IGS). En la misma se computan los resultados de la prueba de admisión a la universidad y el promedio académico general en la escuela superior. Anteriormente, se consideraban destrezas en español, inglés y matemáticas.

Limitación del idioma

Hoy día, no se consideran las destrezas en inglés. Aquí comienzan los problemas. La educación, en gran parte de los países, considera que tener ciertas destrezas en inglés es de suma importancia para los candidatos a maestros. Es más importante en Puerto Rico, por la relación directa que tenemos con los Estados Unidos de América. No considerar esta destreza, abre las puertas para personas con menos habilidades lingüísticas entren a ser parte de la facultad escolar y del estado. Más preocupante aún, ya que muchas de las ofertas de empleos actuales requieren del conocimiento del español y del inglés.

Índices de ingreso a la Universidad

Todas las ofertas universitarias, para la preparación profesional, requieren de unos criterios mínimos a cumplir. El IGS para las profesiones dentro de la ingeniería es de 300 puntos en adelante. Las áreas de las ciencias se encuentran entre 280 y 320 puntos. Para las profesiones en la educación las puntuaciones fluctúan entre 160 y 280.

Entendemos que dentro de las profesiones de la educación, la educación preescolar y la educación primaria deben ser de las mejores preparadas, ya que son los que establecerán las bases fundamentales del desarrollo cerebral y cognitivo de los estudiantes. Sin embargo, los índices de ingreso (IGS) para estas profesiones son los bajos.

Tomando, por ejemplo, a la Universidad de Puerto Rico, esta tiene once recintos distribuidos por el país. En varios de estos recintos se ofrecen alternativas para preparar futuros educadores. Esto brinda muchas oportunidades para que estudiantes distantes al recinto principal pueden tener oportunidades de capacitación. Todo luce bien al momento. Pero el problema estriba en que los requisitos para ser maestro, principalmente, en el área preescolar y primaria, los requisitos cambian. Por ejemplo, si un candidato quiere ser maestro y no tiene los índices mínimos de entrada para entrar al recinto principal, tiene la oportunidad de entrar a otros recintos con cualificaciones más bajas. Al final, recibirá el mismo diploma o certificado, como si hubiese estado en el recinto principal.

Las instituciones privadas

Como otra opción que va en detrimento de la calidad de la educación, si no logras entrar a la Universidad de Puerto Rico, que es la universidad del estado, porque no cumples con los requisitos mínimos, puedes entrar a una universidad privada; y obtienes el mismo certificado diploma.

Peor aún, hay escuelas que ofrecen grados preescolares y primarios, que tienen maestros sin las cualificaciones necesarias o completas para serlo. En estos casos proliferan los maestros de educación física, maestros de música, maestros de teatro, maestros de artes, hasta maestros de inglés, por la falta de recursos preparados en esta área.

De igual manera preocupa grandemente la calidad de la educación actual. En el caso de Puerto Rico, en el 2017 tuvimos dos huracanes categoría, 5 que destruyeron las instalaciones de servicios eléctricos por más de seis meses, igual con las comunicaciones.

En el 2019, varios terremotos, destruyeron gran parte de la infraestructura escolar, primordialmente en el área sur de la isla e impactando otras escuelas en diversas partes del país.

Ahora, al igual que el resto del mundo, los efectos de la pandemia han sido desastrosos para los sistemas escolares. Tratar de implantar currículos diseñados para ofrecerse de forma presencial, están siendo empujados a ofrecerse en línea. Esto trae a colación, que no solo la falta de preparación académica de los maestros, la falta de conocimiento en diseño curricular porque los currículos están prediseñados, y la falta del conocimiento en la tecnología, abonan al descontento de la ciudadanía, a la falta de confianza y a la motivación por buscar nuevas alternativas.

Aunque la educación tradicional y presencial está en su peor momento, la educación virtual o en línea está atravesando por momentos difíciles.

Bibliografía

¿Cómo la tecnología está transformando la educación? https://ayudaenaccion.org

Educational Philosophy, New South Wales; What is all about?https://www.tsc.nsw.edu.au/educational-philosophy-what-is-it-all-about/

Educational Philosophy; Standford Universisty; https://plato.stanford.edu/entries/education-philosophy/

El impacto de la tecnología en la educación - Aula1; https://www.aula1.com

El sistema educativo finlandés, https://www.infofinland.fi/es/vida-en-finlandia/educaci-n/sistema-educativo-finlandes

Filósofos famosos; https://blog.posgrados.ibero.mx/filosofos-famosos/

Fischer, KW, Holmes Bernstein, J. and Immordino-Yang, 2006, *Mind, brain and education in reading disorders,* Cambridge University Press

Fischer, KW, Holmes Bernstein, J. and Immordino-Yang, 2006, *Mind, brain and education in reading disorders,* Cambridge University Press

Historia de la Educación en Puerto Rico – http://www.salonhogar.net/enciclopedia/educacion_en_puerto_rico/indice.htm

Historia de la Universidad Interamericana - http://www.sg.inter.edu/historia-del-recinto/

La diez claves de la educación en Finlandia, https://www.aulaplaneta.com/2015/01/22/noticias-sobre-educacion/las-diez-claves-de-la-educacion-en-finlandia/

List of Accredited Online Degree Programs, https://www.onlineu.com/degrees

Los cinco filósofos más famosos de la historia; https://www.nodo50.org/filosofem/spip.php?article405

Los video juegos y los niños, https://www.cun.es/chequeos-salud/infancia/videojuegos-ninos

Morgado, Ignacio, 2014, *Claves cerebrales de la memoria y la educación*, Universidad Autónoma de Barcelona, España

Morgado, Ignacio, 2014, *Claves cerebrales de la memoria y la educación*, Universidad Autónoma de Barcelona, España

Nueva visión de la enseñanza con la neuro-educación en el aula, http://ceril.net/index.php/articulos?id=247

Oficina de Trámite Legislativo, https://sutra.oslpr.org/osl/esutra/

Ofrecimientos académicos por recintos de la Universidad de Puerto Rico, https://www.upr.edu/vicepresidencias/vicepresindencia-de-asuntos-estudiantiles/vicepresidencia-de-asuntos-estudiantiles-oficinas-adscritas/oficina-de-admisiones/indices-generales-de-solicitud/

¿Por qué la educación y la tecnología son aliados?; https://www.semana.com

¿Por qué un estudiante abandona la escuela? Caraballo Cueto, Dr. José, https://fundacionangelramos.org/reportajes-oenege-2/2519-por-que-un-estudiante-abandona-la-escuela.html

¿Qué es la neuro-diversidad?, https://wellbeing.lifeworks.com/es/contenido-del-bolet%C3%ADn/que-es-la-neurodiversidad/

¿Qué es la neuro-educación?, https://www.isep.es/actualidad-neurociencias/que-es-la-neuroeducacion/

Sistema educativo en Singapur, https://www.playedu.es/sistema-educativo-singapur/

Una educación de calidad, https://www.entreculturas.org/es/noticias/una-educacion-de-calidad-para-todas-las-personas-la-asignatura-pendiente-en-el-continente

Universidad de Puerto Rico; http://www.upr.edu, https://www.upr.edu/vicepresidencias/vicepresindencia-de-asuntos-estudiantiles/vicepresidencia-de-asuntos-estudiantiles-oficinas-adscritas/oficina-de-admisiones/indices-generales-de-solicitud/

Made in the USA
Columbia, SC
15 February 2025